Trop forts, les mots !

50 MOTS racontés

par Alain Rey

Illustrations de Zelda Zonk

MILAN

Quelques mots
avant le livre

C'est vrai qu'ils sont forts, les mots ! Nous vivons avec eux, nous nous servons d'eux pour parler et pour écrire, nous croyons les connaître, et puis, tout d'un coup, ils nous échappent. Ils sont comme des boîtes bien fermées, avec des trésors à l'intérieur.

Depuis que je m'en occupe, des mots, par la linguistique et en faisant des dictionnaires de notre langue, le français, depuis longtemps que j'apprends à les voir vivre, comme on apprend à observer les animaux pour les décrire et mieux les connaître, je me suis aperçu qu'il ne suffisait pas de les mettre tous dans de petites cases-cages, comme on fait dans les dictionnaires, mais qu'il fallait leur donner de la place, les mettre à l'aise pour qu'ils aient envie de raconter leur histoire.

Voilà l'idée de ce livre. Prendre quelques mots, ceux qu'on dit et qu'on entend souvent, et aller les regarder de près. Voyons les mots comme des oiseaux dans un jardin ou libres dans un petit bois. Écoutons leurs chants, regardons leur envol.

Et les voilà qui disent leurs souvenirs, certains très anciens, car ils vivent plus longtemps que nous, avec leurs habitudes, leurs secrets, leurs camaraderies. Ils sont comme nous, ces mots, qui vivons parmi nos semblables ; ils sont ensemble dans les phrases, les paroles, les conversations, les lectures. Et puis chacun conduit vers un autre, qui lui ressemble, qui s'oppose à lui ou qui l'accompagne. Si je dis « froid », je pense aussitôt à « glacé » ou à « glacial », à la neige, mais aussi à « chaud » et à « tiède » ; si je pense à ce mot dans une phrase, arrivent le canard et le loup, parce qu'on dit « un froid de canard », « un froid de loup ».

Je me suis dit qu'un livre où on raconterait ce que révèlent les signes du langage, d'où ils viennent, comment ils nous montrent les choses, ça serait bien, ce serait sympa, cool, rigolo… et souvent intéressant. Nous avons imaginé ce livre avec des illustrations, pour la gaîté, parce que les mots savent aussi plaisanter et jouer.

C'est un livre à feuilleter, pour se promener au milieu de cette bande, cette troupe de sons et de lettres mis ensemble, ce fameux vocabulaire qu'on emploie sans y penser et sans en profiter vraiment – sauf quand on est poète. Et on l'est tous, poètes, quand on apprend à parler, les filles comme les garçons (et peut-être un peu plus). Seulement, lorsque parler, lire et écrire sont devenus une habitude, on peut perdre cette magie spontanée, l'étonnement, le plaisir qu'elle nous procure.

Nous avons voulu la retrouver, la réveiller, la magie, avec *Trop forts, les mots !* Et c'est vrai que c'est très très fort, ce qu'ils font ; c'est un trésor collectif à garder vivant.

Merci, les mots !

Alain Rey, mars 2012

Avions

« C'est un oiseau, c'est un avion… Non, c'est Superman. » On entendait cette phrase au début des aventures de ce super-héros, dont le nom serait en français Superhomme ou Supermec, et qui voltigeait en plein ciel.

avion
aviation
aviateur
aviculteur
aéroplane
hydravion
porte-avion
jet = avion à réaction

Comparer un avion à un oiseau, c'est normal : les deux ont des ailes qui servent à voler, à se déplacer dans les airs. Mais on a oublié que les mots *avion, aviation, aviateur* ont été fabriqués avec le mot latin qui signifie « oiseau », *avis*. L'*avi-culteur* n'est pas un éleveur d'avions, mais d'oiseaux comestibles, par exemple des poulets.

En inventant le premier appareil « plus lourd que l'air » (les plus légers que l'air, les montgolfières, les ballons, sont plus anciens), Clément Ader, son inventeur, lui donna ce nom : l'*Avion I*, l'*Avion II* sont les premiers à être capables de quitter le sol, sur quelques mètres. Pour les appareils qui se perfectionnent ensuite, on disait plutôt *aéroplane*, « qui plane, qui vole dans l'air » (la langue anglaise, par abréviation, dit *a plane* pour « un avion »). C'est pendant la grande guerre de 1914-1918, où l'on parle beaucoup d'aviation et d'aviateurs, que le mot *avion* devient à la mode et remplace peu à peu *aéroplane*. On inventera ensuite les *hydr-avions*, « avions sur l'eau » (*hydro* vient du mot grec pour « eau »), les *porte-avions*, qui sont des navires. Les moteurs d'avion entraînaient l'appareil par des hélices, avant l'invention des moteurs qui repoussent l'air en arrière, ce qui s'appelle en français une *ré-action* (action en arrière). Cette poussée d'air se dit en anglais *jet* (djète) et ce mot est passé en français ; on dit *un jet* pour « un avion à réaction ». C'est vrai que *jet* est plus court qu'*avion à réaction*, mais c'est quand même dommage de ne pas appeler les avions actuels avec un mot français, tu ne trouves pas ? D'autant plus que *jet* existe en français, prononcé autrement. Un avion n'est pas un jet (d'eau).

Les avions, dans l'air, sont comme des bateaux sur la mer. C'est pourquoi on parle de *pilote*, mot venu d'Italie à propos des navires, et aussi de *navigateur* ; l'aviation est une « navigation » aérienne.

L'avion est le mariage de l'oiseau et du bateau, une sorte de bateau volant, imaginé longtemps avant que de grands inventeurs, comme Clément Ader en France ou les frères Wright (on dit quelque chose comme *raïte*, mais avec un drôle de *r*) aux États-Unis n'en fassent un moyen de transport plus rapide que tous les autres.

Baragouiner

barbare

baragouin
= charabia
= bredouillis

Quand quelqu'un parle d'une manière incompréhensible, on dit qu'il (elle) baragouine. Le baragouin ressemble au charabia, au bredouillis, et il commence par un son qu'on trouve comique : *bar, bar,* comme dans *barbare* (les Grecs appelaient tous les étrangers qui ne parlaient pas leur langue des barbares), ou *bre, bre* et aussi *tcha* (charabia).

Tous les mots qui font penser à un bruit naturel s'appellent des *onomatopées.* C'est un mot grec qui veut dire « nom (*onoma, onomatos*) fabriqué, créé » (le verbe *poiein,* d'où vient aussi *poésie,* c'est la fin du mot : *onomatopée*). Mais lorsqu'on dit à quelqu'un : « tu bredouilles, tu baragouines, on ne comprend rien à ce charabia », ce n'est sûrement pas pour admirer sa poésie. *Baragouin* comme *charabia* sont des façons désagréables d'accuser ceux qui ne parlent pas comme nous de mal parler, parce qu'ils ont un autre accent, qu'ils prononcent autrement, ou même qu'ils parlent une autre langue.

La preuve : on a parlé de *charabia* pour se moquer des Auvergnats, et du *baragouin* pour ridiculiser les Bretons. *Baragouiner* est un drôle de verbe ; il pourrait être fait avec deux mots bretons, *bara,* « pain », et *gwen,* « vin ».

On pense que quand les Bretons demandaient à manger et à boire : « du pain ! du vin ! », on ne comprenait rien à ces deux mots bretons et on disait qu'ils *bara-gouin-aient* (ou peut-être qu'ils « baracouinaient » ?). **On n'en est pas très sûr, mais ce qui est sûr, c'est que, trop souvent, on se moque de ceux qu'on ne comprend pas, comme si sa propre langue était la seule bonne.** Les Français qui disaient que les Bretons, avec leur *bara* et leur *gwen,* baragouinaient n'auraient pas été capables de parler breton. Le breton est une langue qui est venue il y a très longtemps du pays de Galles, où on parle le gallois. Il est de la même famille que l'irlandais, l'écossais : ce sont les langues *celtiques* (la plus ancienne était le gaulois). En Bretagne, on peut faire ses études dans des écoles où on parle à la fois le breton et le français, et personne n'y baragouine !

Bédés
et mangas

À côté des histoires racontées dans une langue – les récits, les contes – et écrites, par exemple dans les romans, il existe aussi des histoires en images. Pas celles du **cinéma** ou de la **télé**, où ces images bougent et semblent réelles, mais des dessins, des peintures, des photos, complètement immobiles.

Il arrive qu'une seule image raconte une histoire, mais si l'on montre une suite d'images, formant une bande (*strip* en anglais), une page ou tout un livre, un *album* (mot latin qui signifie « blanc », parce que les premiers livres appelés *albums* avaient des pages blanches), alors l'histoire peut mieux se dérouler.

Il n'y a plus beaucoup d'histoires en images avec des textes sous les images. D'autres sans mots écrits, on les appelait « histoires sans paroles ». Mais on dessine et on écrit de plus en plus de *bédés,* qui sont comme des films formés d'images arrêtées qui se succèdent, avec des mots écrits dans des « bulles », qui représentent les paroles des personnages. Le mot *bédé,* d'abord écrit *B.D.*, est formé avec les initiales de *bande dessinée.* Cette expression succède aux albums d'images d'autrefois, et elle a servi à traduire l'expression anglaise *comic strip,* « bande (*strip*) comique », bien que toutes les bédés ne soient pas drôles. La bande dessinée est devenue un genre important, à côté des dessins très nombreux qui forment les « dessins animés » du cinéma et de la télé.

Parmi toutes les bédés, certaines sont, comme le mot *bande* l'indique, des suites d'images sur une seule ligne, par exemple dans les journaux ; mais d'autres occupent une page ou une double page et beaucoup forment des albums, des livres entiers. Le livre s'appelle *book* en anglais, où on parle des *comic books* ; *book,* qui se prononce *bouc* (comme **cool** se dit *coul*), nous fait penser à *bouquin.*

Les livres, les albums de bédé existent dans le monde entier, en Belgique (avec Hergé, l'auteur de *Tintin*), en France (par exemple, *Astérix*), aux États-Unis, en Asie. Un genre particulier de bédés, au Japon, s'appelle *manga,* mot de la langue japonaise qui désigne – c'est un pluriel – des croquis, des dessins rapides. On en a fait un singulier, en français, et on écrit *un manga, des mangas,* ce qui fait rire les Japonais : c'est comme si on disait *un chevaux* en français.

Les mangas ont un style particulier. Au Japon, les histoires en manga servent aussi à se perfectionner dans la difficile **écriture** en caractères (la même qu'en Chine) parce qu'on ajoute à ces caractères une autre écriture japonaise plus facile qui représente des syllabes. Ailleurs qu'au Japon, les mangas sont des bédés et des dessins animés remplis d'histoires fantastiques ou réalistes, dans un style original créé au Japon, et que l'on reconnaît tout de suite. C'est pour cela qu'on a gardé le mot japonais, facile à prononcer dans toutes les langues.

Bio

biologique
= naturel
biographie
biologie

Il a l'avantage d'être court, ce mot.

On l'emploie pour tout ce qui se mange sans qu'on y ait mis des produits chimiques. On dit *le bio*, c'est un nom, *des produits, des légumes bio* (pas de *s*, parce que c'est une abréviation), c'est un adjectif ; on dit aussi *manger bio*, c'est un adverbe.

Bio est mis pour *biologique*, au sens de « naturel », les légumes, les fruits qui poussent naturellement, sans produits ajoutés, les animaux qui sont élevés de manière naturelle, on dit qu'ils sont biologiques. De nombreux mots en *bio-* existent ; ils parlent de ce qui est vivant. Ils viennent tous du grec *bios*, qui signifie « façon de vivre, vie d'une personne », comme dans *biographie*, qui est l'histoire d'une personne, depuis sa naissance jusqu'à sa mort. Mais aujourd'hui, les mots en *bio-* parlent de tout ce qui est vivant, les plantes, les animaux, les microbes, et nous tous, qui appartenons à l'espèce humaine. La botanique et la zoologie, qui étudient les végétaux et les animaux, existaient déjà quand on a cherché à connaître comment *tous* les êtres vivants existaient, grandissaient, vieillissaient, mouraient, se reproduisaient. Un grand botaniste français, qui s'appelait Lamarck, un autre savant, allemand celui-là, inventèrent presque en même temps – il y a un peu plus de 200 ans – la biologie. Depuis, cette science des cellules vivantes, des tissus vivants, a fait de très grands progrès. Les mots en *bio-* parlent des êtres vivants et de la vie, mais quand on parle des aliments, *bio* ne se dit que pour les fruits, les légumes, les animaux élevés pour être mangés, lorsqu'on a cessé d'employer des produits chimiques pour les faire pousser ou pour les élever. *Bio* ne veut plus dire seulement « vivant », mais « naturel ».

Trop forts, les mots !
OUA !
OUA !

Cabinets

Même s'il y a des « cabinets de **toilette** », quand on va aux *cabinets*, ce n'est pas pour faire sa toilette, mais pour rejeter ce qui doit sortir du corps, ce qui s'appelle faire pipi et faire caca, qui sont des petits gros mots que tout le monde emploie, à côté des gros verbes que sont *pisser* et *chier* (ils viennent aussi du latin).

On dit aussi *les toilettes* (ou bien, en Belgique, *la toilette*), les **w.c.** (vécés), pour les mots anglais *water closet*, c'est-à-dire « cabinet, endroit fermé (*closet*) d'eau (*water*) » ; les *waters*, qu'on prononce *ouatères* : les *oua-oua*, c'est la même chose.

Le mot *cabinet*, au début, voulait dire « petite pièce fermée, petite cabine » (*cabine-et*). C'est encore un de ces diminutifs qui ont changé de sens, comme **fourche-ette** ou **toile-ette**. Quand on parle, encore aujourd'hui, du cabinet d'un avocat ou d'un médecin, c'est son bureau. Un *cabinet noir* était une petite pièce fermée, comme un placard, où on enfermait les enfants pour les punir !

Aujourd'hui, avec le pluriel, les *cabinets*, tout le monde comprend que ce n'est pas un bureau ni une petite pièce fermée ordinaire. C'est un sens spécial du mot, mais ce n'est pas le seul mot pour désigner cet endroit. Si on veut être poli, ont dit *les toilettes* ; si on veut être grossier, ont dit *les chiottes* (du verbe *chier*, qui vient du latin *cacare*, en provençal, *cagar*). Une petite fille qui ne voulait pas parler comme ses parents, et qui trouvait rigolo d'être grossière, disait : « Je vais aux cab…, pardon !, aux chiottes. »

Les mots ne se contentent pas de dénommer quelque chose ; on les choisit pour avoir une manière de parler : agréable, désagréable, polie, grossière. Quand ils désignent une même chose, on dit qu'ils sont des synonymes (du grec syn-, « avec », et onomos, « le nom »). *Cabinets, toilettes, chiottes* sont des synonymes ; ils désignent la même chose, mais pas de la même façon.

toilette/toilettes

cabinet
= cabinets

chier
= chiottes

Cafés
et bistros

À l'époque où le **café** servi dans une tasse arrivait en France et dans le reste de l'Europe, on avait l'habitude de se réunir, surtout entre hommes, dans des endroits aménagés pour boire, manger, jouer aux cartes. On les nommait avec un mot qui voulait dire *chambrette* (petite chambre), prononcé à la manière des Wallons en Belgique ou des Picards en France : *cabrette, cabret, cabaret.* On buvait beaucoup, dans ces cabarets, et, pour varier les plaisirs, lorsque le **café** est arrivé, certains cabarets ont fait de la publicité pour la nouvelle boisson : on les appelait des *cabarets de café.* C'est à cause d'eux que le mot *café* (pour *cabaret de café,* trop long à prononcer) a remplacé de plus en plus *cabaret.* Quand on lit des histoires, des romans d'il y a deux cents ans (par exemple, ceux de Balzac, de Victor Hugo), il y a des cabarets, des auberges, des tavernes… Aujourd'hui, ce serait des cafés, des hôtels, des restaurants : tous ces mots ont changé de sens. Le *café* n'était qu'une graine grillée et une boisson ; l'*hôtel* une belle maison de ville ; le *restaurant* un aliment qui redonne des forces (il *restaure* la santé).

chambrette
cabrette
cabret
cabaret

auberge
taverne
café
hôtel
restaurant

brasserie
bar
bistro

Quand le café est devenu un super-cabaret, il a eu un énorme succès : on y boit toujours du café (et des cafés crème), mais aussi de la bière, du vin, d'autres boissons ; on peut y manger, s'y reposer, jouer aux cartes ou aux dés, discuter …

Certains cafés préparent des repas complets : ces *cafés-restaurants* sont souvent appelés des *brasseries,* d'un mot qui ne désigne d'abord que les usines où on fabrique la bière (*brasser* vient d'un mot gaulois qui désignait l'orge et sa préparation). D'autres cafés ont un *bar,* mot venu de l'anglais, où il se dit d'un espace plat, assez haut, un comptoir où l'on boit debout (ou bien assis sur des *tabourets de bar* qui sont plus hauts que les autres). Ce mot anglais vient du français *barre,* mais le bar n'est pas une barre. On a parlé de *cafés-bars,* puis de *bars,* pour ce genre de cafés.

Encore un autre mot, pour parler des cafés, c'est *bistro.* Comme *cabaret,* c'est un mot qui vient du Nord de la France. Quelqu'un a inventé une histoire amusante pour expliquer ce mot. Les cosaques russes, après la défaite de Napoléon à Waterloo, étaient venus jusqu'à Paris. Là, ils demandaient à boire au café et, comme on ne les servait pas assez vite, on a dit qu'ils criaient en russe « Vite ! Vite ! », qui se dit *bystro* (plutôt prononcé comme *bouestr',* en fait). Mais cette histoire est inventée pour expliquer un mot employé beaucoup plus tard, et pas du tout à Paris, mais du côté de Lille. On n'en est pas sûr, mais le bistro est peut-être un « bistringue » (pour *bastringue*) ou un « bistrouille », pour *bistouille,* ce qu'on dit, dans le Nord de la France, pour un café avec de l'alcool (on le *touille,* on le mélange, deux fois : *bis-*). L'histoire du mot *bistro* est encore un petit mystère, surtout qu'on a dit *un bistro, une bistrote,* « celui ou celle qui s'occupe d'un café », avant de dire *aller au bistro,* « au café ». Mais l'histoire des bistros est bien connue. C'est, depuis un peu plus de cent ans, un petit café sympathique, pas trop cher, avec des tables et des chaises d'un style particulier (le *style bistro*) et qui, souvent, sert à manger de bons plats simples.

Le bistro est devenu un symbole de la France dans le monde entier. C'est vraiment dommage qu'on n'arrive pas à trouver d'où vient ce drôle de mot : tu peux inventer des jeux de mots avec le pain *bis,* la couleur *bistre,* mais ce serait **trop** !

Cinés
et télés

On aime bien abréger les mots, pour aller plus vite. On ne dit plus *le métropolitain*, ce qui veut dire « (chemin de fer) de la métropole, de la grande ville », ni *le cinématographe*, mais *le métro* et *le ciné(ma)*. Même la *télévision* est souvent remplacée par la *télé* (si on dit *la tévé* ou *la TV*, c'est de l'anglais).

La télé et le ciné – le cinéma – nous permettent de voir des images qui bougent et qui parlent, avec de la musique, des bruits et, pour l'image, de la couleur. Ce sont des inventions différentes, l'une il y a plus de cent ans, l'autre moins ancienne. Les deux existaient avant l'ordinateur et son **écran**, avant les jeux **vidéo**.

métropole
métropolitain
métro

cinématographe
cinéma

télévision

cinétique
cinématique

télescope
télégraphe
téléphone
téléphérique

D'abord, à l'époque du grand-père de ton grand-père ou de ta grand-mère, deux inventeurs qui s'appelaient les frères Lumière – un nom parfait pour leurs travaux – mettaient au point un spectacle où l'on voyait, pour la première fois au monde, des photos qui bougeaient, projetées sur un écran. Quand ils voyaient le film qui montrait l'arrivée du train dans la gare de La Ciotat, les gens avaient peur de la locomotive qui fonçait sur eux ! Ça s'appelait « le cinématographe Lumière ». Comme les deux frères connaissaient le grec, ils avaient pris *-graphe,* qui veut dire « écriture » comme dans *photographie,* avec au début le mot grec qui signifie « mouvement », et qui est justement *kin-êma,* « l'action de bouger (*kinein,* en grec) ». C'est aussi l'origine de mots savants, comme la *cinétique,* l'étude des mouvements en physique et en chimie, la *cinématique,* qui n'a rien à voir avec le cinéma, puisqu'elle étudie tout ce qui bouge dans la nature. Le cinéma est devenu un spectacle pour tous, et le mot s'est dit des salles où on projette des films (*un cinéma*). Pour faire chic, quand on a chez soi une grande télé et un système sonore très fidèle, on l'appelle en anglais *home cinema,* « cinéma à la maison ».

Inventée plus tard, la *télévision,* la *télé* a un nom plus simple, avec un bout grec *télé-,* qui veut dire « loin, au loin », et un bout latin – et français – *vision,* qu'on n'a pas besoin d'expliquer (le verbe latin *videre* est devenu *voir* en français). La télévision envoie au loin des images, du visible, c'est vrai, et c'est vrai aussi du *télescope* (du grec *skopein,* « regarder avec attention »). Il y a aussi le *télégraphe,* qui est une écriture (*-graphe*) de loin, le **téléphone**, qui est un son, une voix (*phône*) de loin, le *téléphérique,* qui porte (*pherein, -phore*) au loin… Rien que du grec, à part le *vision* de notre *télé.* **Après le latin, qui s'est peu à peu transformé pour devenir la langue française, c'est le grec qui nous a donné le plus de mots.**

Donc, la télé, on la regarde chez soi, tandis que le ciné, on va dans une salle. Un *cinéma,* c'est la salle où on projette les films ; une *télé,* c'est l'appareil. Quand les choses sont différentes, les mots s'arrangent autrement.

Compter
calculer… et raconter

Voici deux verbes français qui se prononcent de la même façon et qui s'écrivent de manière différente. *Conter* (et *raconter*, pour « re-conter ») et *compter* viennent du même verbe latin, *computare*. En latin, on est passé de l'idée de « couper les branches d'un arbre » (le verbe *putare*) à celle d'« égaliser » (*computare*), en particulier « égaliser des sommes d'argent ». De là, deux idées différentes. L'une est : « faire des calculs avec des chiffres » (d'où *compter*) ; l'autre, « choisir des événements parmi tous ceux de la réalité et les présenter » (d'où *conter*, puis *ra-conter*). Quand on fait des listes de chiffres, on *compte*, et on peut *calculer* (voir plus loin) ; des arrangements de mots qui expriment des choses, des personnes, des actions (par exemple, les verbes), et on peut *conter, raconter* plusieurs événements successifs, ce qui fait une **histoire**.

compteur
comptable
compte
compte-gouttes

conter
conteur
raconter
conte

Au Moyen Âge, comme on n'essayait pas d'écrire comme en latin, on écrivait aussi bien *conter des sous* que *conter une histoire*. Mais **à l'époque de François Ier, on essaie de retrouver le latin et le grec ancien ; on fabrique des mots nouveaux, grecs et latins, et on réécrit les mots anciens, venus du latin par la parole**. Très peu de gens savaient écrire. En plus, les calculs de chiffres et les assemblages de mots pour raconter étant très différents, on veut distinguer les chiffres et les textes faits de mots. Pour les chiffres, on reprend le latin *computare* en mettant le *p* et le *t* au milieu du mot (co-mp-ter). Quand on a inventé aux États-Unis ce que nous appelons (mieux) l'**ordinateur**, c'est un mot anglais venu du même verbe latin, *computer*, qu'on a pris : c'est le même que *compteur*. Mais on a gardé *conter* pour les histoires, ce qui permettra de distinguer les *compteurs*, des appareils, des *conteurs*, des personnes, d'avoir des *comptables* (mais pas de « contables »), des *comptes* et des *compte-gouttes* (alors que les *contes de fées* ne comptent pas les fées, ni les gouttes, ni les nombres). Enfin, on peut distinguer *re-compter*, « compter une autre fois quand on s'est trompé », de *raconter* – autrefois écrit et dit aussi *reconter*.

D'un côté, les chiffres et les opérations ; de l'autre, les mots qui peuvent raconter des histoires. D'un côté, calculs, résultat. De l'autre, récit, histoires…

Du côté de *compter*, il y a le *calcul*. C'est un mot d'origine inattendue, mais on peut s'en douter quand on se souvient qu'en médecine, on parle des calculs, qui sont des petits morceaux de calcaire qui peuvent se former dans les reins, et qui font souffrir. Ce mot-là vient directement du latin *calculus*, « caillou », mot apparenté à *calcaire*. Or, dans l'Antiquité romaine, on pouvait compter, faire des opérations sur des chiffres en s'aidant de petits cailloux. Un verbe *calculare*, « déterminer un nombre à partir d'autres nombres », dérivé de *calculus*, « caillou », est entré en français vers la fin du Moyen Âge, et on a parlé de *calculer*, d'où vient notre *calcul* de nombres.

Dans l'école d'autrefois, on disait qu'on apprenait à **lire**, **écrire** et **compter**. C'est plutôt *calculer* qu'il faudrait dire. On faisait du *calcul mental* (combien font 54 multiplié par 7 ?) ; maintenant, c'est trop souvent une « calculette » qui travaille à notre place. Heureusement qu'il n'y a pas (pas encore ?) de raconteurs électroniques, sinon les histoires risqueraient d'être monotones ou inhumaines, parce que les machines, et même les ordinateurs, n'ont pas d'**imagination** (va voir : *Des images dans la tête*).

calcul/calculs
calcaire
cailloux

Culotte
et jean

cul
culotte
cul-de-sac
reculer

basculer
bousculer
culbuter

culot
culotté
déculloté

sans-culotte

Les **pantalons**. C'est un nom italien qui vient de celui d'un saint appelé Pantaléon (on en parle au mot *Robe*). Les culottes, c'est différent.

On l'oublie souvent, parce que c'est un mot bien correct, mais il vient d'un mot plus court, un peu grossier, qui fait rire, qui s'écrit *c, u, l* et se prononce *cu*. Le cul, tout le monde sait ça, c'est le derrière, les **fesses**. C'est un mot ancien, qui était déjà grossier en latin, où on disait *culus* (koulous'). En français, on emploie souvent ce mot simplement pour « fond ». Un *cul-de-sac* est une rue qui s'arrête au fond, comme un sac (on dit aussi : *une impasse* : on ne passe pas). D'autres mots ou verbes où il y a *cul* ne sont pas grossiers : *re-cul-er*, « aller en arrière », *bas-cul-er, bous-cul-er, cul-but-er*. Mais certains autres sont très grossiers ; on n'en parlera pas ici.

Culotte, lui, est le féminin de *culot*, mais ces deux mots n'ont plus de rapport, pour le sens. Le culot est le fond d'un objet ; la personne qui a de l'assurance est comme un objet en équilibre, toujours sûr de lui ou d'elle. On dit qu'il ou elle a *du culot*. Être *culotté*, dans ce sens, n'est pas toujours une qualité. La *culotte*, c'est tout simplement le vêtement qui couvre le derrière et les jambes (on disait en vieux français les *chausses* ; on ne connaît plus que les *chaussettes*). La culotte d'homme, autrefois, à l'époque des rois (Louis XIV, XV, XVI...) était serrée aux genoux, à la différence des pantalons. Les révolutionnaires, en 1789, après la prise de la forteresse de la Bastille, à Paris, trouvaient que cette culotte était pour les nobles et les riches ; ils préféraient le pantalon et s'appelaient les *sans-culottes*, ce qui ne veut pas dire qu'ils étaient *dé-culottés* !

Après cela, il y a eu deux sortes de culottes, des petites, pour les enfants et les femmes : ce sont des sous-vêtements ; des plus longues, qui sont des vêtements de dessus, pour les garçons (les *culottes courtes*). Depuis une cinquantaine d'années, les filles et les femmes portent aussi des pantalons. En même temps, de nouveaux pantalons en toile sont devenus à la mode : les *jeans*. Prononcé *djinns'*, c'est un mot anglais qui déforme un nom de ville. La toile de Gênes était fabriquée dans ce port du Nord de l'Italie ; *Gênes* est le nom français de *Genova* (accent sur le premier *e*) ; prononcé à l'anglaise, *djinn'*, écrit dans cette langue comme le prénom français qui se dit *jan*, le mot *jean* (ou *blue jean*, la toile était *bleue*, qui se dit *blue* en anglais) est devenu un pantalon porté partout dans le monde.

Déjeuner
dîners et soupers

soupe
souper
jeûner
déjeuner
petit déjeuner

Les mots peuvent changer de sens quand on est dans une région ou une autre.

Quand on vient de France et qu'on va au Québec, par exemple à Montréal, si des amis te disent : « Viens dîner avec nous », c'est vers midi qu'il faut y aller, pas le soir. Le soir, on soupe, c'est le *souper*, mot qui ne s'emploie plus beaucoup en France, où l'on déjeune vers midi et où l'on dîne le soir.

Les heures des repas ont beaucoup changé. À l'époque de François Ier, quand on *déjeunait*, c'était le premier repas du jour, vers 10 heures du matin. On n'avait pas mangé depuis le *souper* de la veille ; après on dormait et on ne mangeait pas. Ne pas manger se dit *jeûner*, qui vient du latin *jejunare* ; quand on mange à nouveau, le matin, cela se disait *dis-jejunare*, c'est-à-dire « arrêter de jeûner » : c'est le *dé-jeuner*. Après venait le dîner. *Dîner* vient du même mot latin que *déjeuner*, mais abrégé : *dis-jejunare, dis-junare, dis-ner* (on mange le *ju-* !). Il y a un mot anglais qui dit la même chose : *breakfast*, de *break*, « casser, rompre », et *fast*, « le jeûne, quand on ne mange pas ».

En français, quand le dîner est devenu un repas du soir (il remplaçait le souper, où on mangeait la **soupe**), le déjeuner a pris sa place, d'abord à Paris, puis dans le reste de la France, mais plus tard à la campagne et pas du tout au Canada (où se trouvent le Québec et l'Acadie, où l'on parle français), ni en Belgique ou en Suisse.

Et comme on disait *déjeuner* pour le repas du milieu de journée, les Français n'avaient plus de mot pour le premier petit repas du matin. Que faire ? On s'est dit qu'après tout, ce repas du matin, où on cessait, on arrêtait de jeûner, de ne pas manger, était toujours un « déjeuner », mais en petit. Et on s'est mis à parler du *petit déjeuner*, qu'on appelle souvent, pour aller plus vite, le *petit déj* (on dit *ptidèj*). Le « petit déj » de France s'appelle *déjeuner* au Canada ; le « déjeuner » s'appelle *dîner* et le « dîner » français se dit *souper*, qui vient de **soupe** (va voir comment ce mot a changé de sens). Quand on parle de *souper*, en France, parce que les mots peuvent vivre plus longtemps que ce qu'ils expriment, c'est un petit repas pris dans la nuit, après le dîner. Autrefois, c'était le repas du soir.

Les Canadiens qui parlent français ont gardé les habitudes de parole d'autrefois, alors qu'ils sont très modernes.

Disque
Des disques par milliers

Quand on aime la musique, on en écoute à la radio, sur son **ordinateur** et aussi sur des CD (cédés) et des DVD (dévédés), qui sont des abréviations anglaises : CD pour *compact disc*, « disque réduit, compact », DVD pour *digital video disc*, qui est plus difficile à expliquer. C'est un disque (*disc*) qui, en plus de la musique, des sons, enregistre des images (*video*) et ce disque est *numérique*. Ça veut dire que les sons et les images sont analysés avec des *nombres*, appelés en anglais *digits*, des « doigts », parce que ce qu'on enregistre est formé de petits bouts séparés qui ne sont pas continus comme les sons eux-mêmes, mais sont des quantités. C'est pourquoi *numérique* est mieux que *digital* en français, par exemple à propos de la photo. Ces mots viennent du latin : *video*, du verbe *videre* qui a donné *voir*, *digital*, du latin *digitus* (dont il reste le *g* du mot *doigt*), et *numérique*, du mot latin qui veut dire « nombre » (il y a aussi *numéro*).

nombre
numérique
numéro

doigt
digital

voir
vidéo

dire
discobole
disque

cercle
cirque

Les CD, les DVD sont plats et ronds : ce sont des *disques*. Tous les disques ont cette forme. Le mot grec *diskos*, passé en latin puis dans les langues actuelles, par exemple le français, est dérivé du verbe *dikein*, « lancer, jeter ». Cela paraît bizarre, sauf si on se souvient de ceci : le lancer du disque est un **sport** olympique pratiqué dans l'Antiquité grecque. L'idée de mouvement venant d'une personne (*jeter*, *lancer*) se retrouve dans un mot très courant où ce qui est lancé est la parole : c'est *dire*, qui vient du latin *dicere*, prononcé *dikéré*. On ajoute un *s* et c'est *disque*.

Donc, le disque des athlètes était plat et rond ; c'est une galette ; il a donné un nom à des surfaces rondes et on a dit « le disque du soleil ». Les savants ont pris ce mot pour désigner des formes plates et circulaires (du latin *circulus*, d'où viennent le *cercle* et le *cirque* !). Ensuite, on appelle *disques* des signaux de chemin de fer ; on parle aussi des *disques d'embrayage* des autos... Toujours des choses plates et rondes. Mais c'est l'invention de l'enregistrement des sons et de la parole qui va donner à *disque* son emploi le plus courant. Pour le phonographe (« écriture, "*-graphe*", du son, "*phonê*" », en grec), on se servait d'abord de cylindres, appelés aussi rouleaux. Mais c'était très encombrant, et ils ont été remplacés par des disques : ces disques devaient tourner à 78 tours par minute pour bien reproduire les sons. Tes grands-parents ont peut-être connu ces disques 78 tours. Ensuite, sont arrivés les 33 tours, plus lents, durant plus longtemps. Ces disques existent encore, grâce aux *disc-jockeys*, expression anglaise qu'on connaît mieux par ses initiales *DJ* (on prononce *didjè* pour faire américain) et qui se dit d'un présentateur, d'un animateur (*jockey* a un autre sens en français) qui joue avec ces disques pour faire des effets sonores. Autrement, ces disques assez grands sont démodés ; depuis l'invention des disques numériques, plus petits, « compacts », en 1982, on appelle les grands disques noirs des *vinyles*, du nom de la substance chimique dont ils étaient faits (le mot combine *éthyle* et, plus bizarre, le mot *vin* – c'est de la chimie).

Mais les disques, maintenant, enregistrent autre chose que des sons : les *disques magnétiques* peuvent aussi avoir des images. Et revoilà les *vidéodisques*, les DVD.

Le même mot est venu de l'Antiquité grecque jusqu'à nous, et du disque lancé par le *discobole* au disque numérique plein d'images et de musique. Quel voyage !

Dinosaures
et fossiles

Tout le monde, maintenant, connaît les dinosaures. On en voit dans les films, les bédés, les dessins et les peintures, en jouets, et leurs os en vraie grandeur dans les musées. Pourtant, aucun n'a jamais été vu vivant. Mais ce ne sont pas, comme les **dragons** et les licornes, des animaux inventés ; ils ont vraiment existé il y a des millions d'années.

fosse
fossile
paléontologue
reptiles
ère secondaire
jurassique

Personne ne le savait, avant qu'on se mette à étudier les traces de beaucoup d'animaux disparus, enfouis dans la terre. Ce qu'on trouvait dans la terre se disait en latin *fossilis,* mot tiré du verbe signifiant « creuser », et qui a aussi donné *fosse,* un grand trou dans le sol. Ces animaux *fossiles,* ou plutôt leurs restes, des os, des empreintes, appartenaient à des espèces qui n'existent plus. On a trouvé des traces d'insectes, de mollusques, de poissons, de reptiles, quelquefois des squelettes entiers, couchés dans le sol, comme ces immenses dinosaures qu'on peut voir maintenant, couchés et bien nettoyés, dans le centre des États-Unis, au Dakota du Sud, qui est l'un de ces États.

La science qui étudie tous les fossiles s'appelle la *paléontologie,* du grec *palaios,* « très ancien », et *-logie,* qui signifie « discours savant, connaissance, science » (comme dans *géologie, biologie* et beaucoup d'autres). C'est au début de cette science, la paléontologie, qu'un savant anglais, Robert Owen, a cherché un mot pour ces grands animaux disparus, qui appartenaient au groupe des *reptiles* (ce mot veut dire « qui rampe, qui se traîne sur le sol » : on pensait aux serpents), auquel appartiennent aujourd'hui les tortues, les serpents, les lézards... En grec, « lézard » se dit *saura, sauros,* et ce nom a servi pour appeler les lézards, les crocodiles et ceux, bien plus variés et nombreux, qui sont morts depuis des millions d'années, et qu'on venait de découvrir dans la terre (c'était des *fossiles*). Les plus grands étaient immenses ; certains avaient de grandes dents (comme les crocodiles aujourd'hui). De quoi avoir peur. Le savant Robert Owen connaissait bien le grec : il les appela dans cette langue les « sauriens terribles », avec le mot grec *deinos,* « qui fait peur ». Voilà pourquoi on parle, dans de nombreuses langues et en français, des dinosaures. Ce mot de savants est brusquement devenu à la mode il y a une cinquantaine d'années ; on s'est mis à les dessiner, à les représenter, pour expliquer que les espèces d'animaux ont changé, évolué dans le temps, comme la Terre elle-même (cela s'appelle l'*évolution*). Et on a daté les fossiles d'après les couches terrestres où on les trouvait. Par exemple, la seconde période de l'immense « ère secondaire » est celle où vivaient ces dinosaures. *Ère* signifie « grande époque » et aussi « début de cette époque » ; le mot vient du latin *aera,* dérivé de *aeris,* qui a une curieuse histoire. *Aeris,* c'était le cuivre, métal qui sert à faire des monnaies, *aera,* la monnaie, puis le nombre qui compte et enfin, le nombre qui correspond au début d'une époque. Dans l'histoire de la Terre, l'ère secondaire vient logiquement après l'ère primaire (où se sont formées les premières montagnes). On a étudié dans le *Jura* (mot qui vient du gaulois) des terrains calcaires qui datent du milieu de cette ère secondaire, et on a appelé cette époque le *Jurassique.* On comprend alors pourquoi c'est dans un « Parc jurassique » (en anglais *Jurassic Park*) que le cinéaste Stephen Spielberg a placé l'histoire de son film où des visiteurs sont attaqués par des dinosaures. Mais c'est du cinéma. Les dinosaures sont bel et bien morts, alors que leurs cousins vivants, les crocodiles, continuent à faire peur.

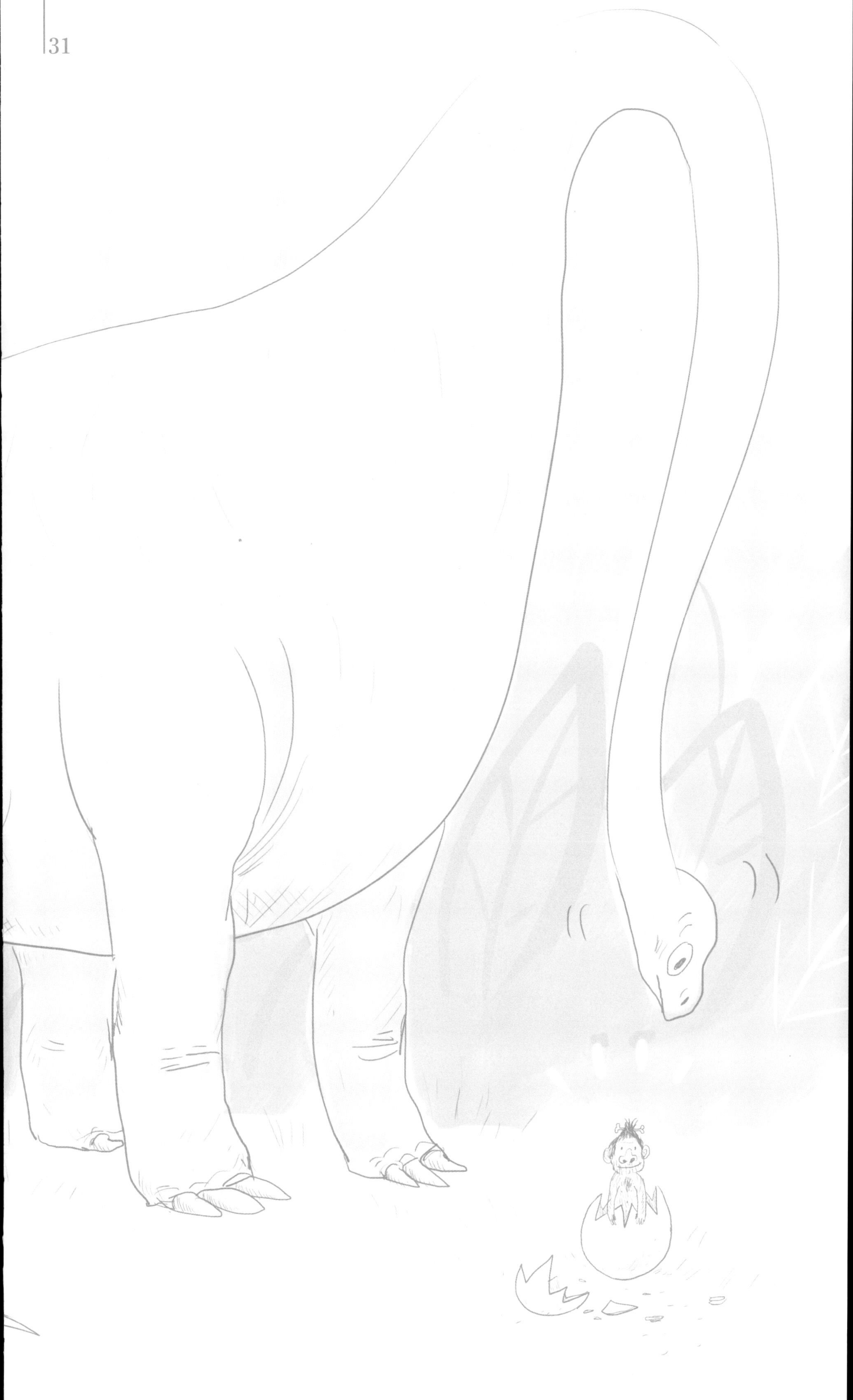

Dragons

Parmi les **monstres** des histoires et des contes, il y a souvent des dragons, qu'on imagine grands, sinueux comme des serpents, avec une gueule ouverte qui crache du feu, des yeux qui lancent des éclairs, de grandes dents.

Comme on voit, le dragon est en rapport avec le feu, et en effet, le mot latin qui s'est transformé en *dragon* était *draco, draconis,* lui-même pris au grec *drako.* Ce dernier vient d'un verbe qui désignait le fait de regarder de manière fixe, avec des yeux perçants ; **beaucoup de langues ont ainsi des mots qui viennent tous du parler très ancien qu'on appelle l'« indoeuropéen »**, parce qu'il est venu de l'Inde et qu'il a envahi l'Europe. Le français et toutes les langues qui viennent du latin, et aussi les langues germaniques (l'allemand, l'anglais...), slaves (le russe, le serbe, le polonais...) et encore beaucoup d'autres, sont « indoeuropéens ». C'est ainsi que cette « racine » de mots, *derk-*, « briller », se retrouve en grec, en latin, en français (*dragon*), en anglais, en roumain, avec *dracul,* le (*ul*) *drac,* « le dragon », qui a donné le nom propre du **vampire** le plus connu, *Dracula.*

En plus, avec des mots tout à fait différents, l'idée de cet animal imaginaire se retrouve en Asie, surtout en Chine, là où les dragons sont beaucoup moins terribles, et protègent souvent les hommes. Les dragons chinois peuvent être un signe de bonheur. L'un d'eux, appelé *lóng* (on prononce le *g*), a des écailles, des ailes comme un rapace, une tête de chameau, des pattes de tigre, des griffes, des cornes de cerf ; un autre, le *li,* n'a pas de cornes et nage comme un poisson. Le dragon chinois représente le bonheur, la réussite, le pouvoir. On appelle « dragons » les pays qui réussissent et deviennent riches, comme la Corée du Sud ou la Thaïlande. Au contraire, le dragon imaginé en Europe est devenu l'une des images du diable.

Pourtant, tous les dragons du monde se ressemblent : ils sont tous imaginés comme des mélanges de vrais animaux. Le premier d'entre eux est le serpent. Ils ont des pouvoirs surnaturels. Si les uns sont terribles, dangereux, mauvais, et si les autres sont protecteurs et font le bien, tous sont très puissants.

Ces dragons, qu'on voit aujourd'hui dans les jeux vidéo, les dessins animés, les **mangas** (va voir ce mot à : *Bédés et mangas*), montrent que nous avons besoin d'imaginer et d'inventer, pour fabriquer des êtres qui représentent nos propres peurs et aussi nos désirs, notre volonté de gagner, de réussir. On a même trouvé le moyen, par les découvertes de la science, de faire jouer à des bêtes réelles, disparues depuis des millions d'années, le rôle de dragons : on a vu cela au mot **dinosaure.**

Draps
et drapeaux

On n'aurait pas idée de se coucher dans un grand drapeau, ni de mettre un drap à sa fenêtre pour une fête. Pourtant, un *drapel*, en vieux français (ensuite, on a dit *drapeau*), c'était bien un « petit drap » et *drap*, qui vient du latin, se disait pour n'importe quelle étoffe.

Plus tard, on a appelé aussi *drap* une étoffe, souvent en laine, pour faire des vêtements et, surtout, une pièce de toile pour faire le lit, un *drap de lit*. Mais ces deux sens n'étaient pas les seuls : on pouvait dire, en parlant d'un mouchoir en toile, que c'était un *drap de poche*, ce qui serait comique aujourd'hui. Les Belges parlent quelquefois d'un *drap de vaisselle* pour un torchon, et cela ne veut pas dire qu'on essuie la vaisselle avec un drap de lit : c'est tout simplement le sens ancien du mot, en latin et en vieux français.

lin
linceul
tricolore

Quand on parle de *draps*, aujourd'hui, c'est pour les draps de lit. *Du drap*, c'est le tissu pour les costumes ; *un drap, des draps*, c'est pour le lit. **Il arrive qu'on puisse distinguer deux sens d'un même mot d'après la façon de s'en servir. *Acheter du drap*, c'est différent d'*acheter des draps* ou de *changer les draps*.**

Pour le lit, le mot *drap* a remplacé un autre mot, pas gai du tout. Ce mot venait du latin *linteolum*, devenu *linçoël*, puis *linceul*. Le mot latin était dérivé de *linum*, nom de la plante appelée *lin*, qui donne des fils pour faire de la toile, des draps. Mais le drap de lin appelé *linceul* a servi à envelopper un mort, avant de le mettre dans un cercueil. Du coup, impossible de dire : « Je vais me coucher dans les linceuls ! » Et le mot *drap*, qui pouvait se dire de toute pièce de toile, a remplacé l'autre mot devenu sinistre.

C'est aussi le sens général ancien, « pièce de tissu », qu'on trouve dans le *drapeau*. Quand un chiffonnier criait : « Vieux drapeaux ! », il ne vendait pas de vrais drapeaux, mais des chiffons, des morceaux de toile. À l'époque de François Ier, comme l'italien était à la mode et qu'on disait en italien *drapello* (le même mot que *drapel, drapeau* en français) pour ce qu'on appelait avant une *enseigne* ou un *pavillon*, un morceau de tissu portant des couleurs ou un dessin, qui désignait un régiment, une troupe, puis un pays tout entier, le mot *drapeau* s'est détaché des draps.

Aujourd'hui, on reconnaît les drapeaux de tous les pays. Certains ont des bandes de couleur, verticales ou horizontales. Le drapeau français a une bande bleue, une blanche et une rouge : il a trois couleurs, on dit qu'il est *tricolore* (*tri-*, c'est « trois »). Il y a d'autres drapeaux tricolores, par exemple l'italien (vert, rouge, blanc). Parfois, il y a des dessins, des croix, des bandes et des étoiles (le drapeau des États-Unis d'Amérique) et bien d'autres choses encore.

Les deux mots, *drap* et *drapeau*, se trouvent dans des expressions. *Être dans de beaux draps* est ironique (on dit une chose, ça veut dire le contraire) ; cela signifie « être dans une mauvaise situation ». Pour *drapeau*, *être sous les drapeaux* signifie « être dans une armée » ; cette expression, elle, n'est pas ironique ; elle montre que les drapeaux sont des symboles militaires, ou bien nationaux (d'une nation, d'un pays).

École
Tous à l'école

créer

récréation
se recréer

frère
fraternité

sœur

sororité

république

laïque

scolaire

À l'école, il faut apprendre, travailler et, pour pouvoir jouer, attendre la *récréation*, qui est le moment où, après la classe, on se détend, on se *récrée*, on se remet en forme, comme si on se créait une nouvelle fois.

L'école pour les tout-petits, on y joue plus qu'on n'y travaille. Mais pour les plus grands, école, collège, lycée et enfin les Grandes Écoles, on n'y est pas pour s'amuser. C'est du boulot, surtout quand on sait **lire** et **écrire**, avec les heures de cours, les leçons, les devoirs (le devoir, c'est qu'on doit faire) ; on n'y a pas beaucoup de loisirs et on est content quand viennent les *vacances*, mot qui veut dire qu'on est oisif, qu'on a du temps libre, « vide » d'occupations, en latin *vacuus*. En vacances, on n'est pas obligé de travailler. À l'école, si.

Pourtant, le mot grec d'où vient *école*, *skholê*, désignait d'abord le fait de discuter, d'apprendre les sciences ou la philosophie pour se distraire, parce qu'on n'était pas obligé de travailler. C'est un loisir comme un autre, le sport par exemple, et il n'y a d'école que si on a du temps libre. Mais lorsqu'on a organisé l'enseignement, il fallait bien des règles, et l'école, le collège, le lycée sont devenus ce qu'ils sont aujourd'hui.

Peut-être que les adultes, obligés de travailler pour gagner leur vie (voir *Travail*), ne voulaient pas que les enfants s'amusent trop ? Mais non. C'est simplement parce qu'il faut comprendre ce qui se passe autour de soi qu'il faut apprendre, et surtout apprendre à vivre ensemble avec plus de liberté, d'égalité entre les gens et même de fraternité (on peut dire de sororité, entre les filles, pour montrer qu'on est tous comme des sœurs et des frères qui s'aiment bien). C'est un programme difficile, et dans une *république* (ce qui signifie en latin « la chose – *res* – publique – *publica* ») comme la française, ce programme est celui de l'école publique, qui doit être *gratuite*, sinon, seuls ceux qui ont de l'argent peuvent envoyer leurs enfants à l'école ; *laïque* (ça veut dire « populaire, et non religieuse », c'est du grec), sinon on est forcé de suivre les idées d'une seule religion, pas des autres et pas celles des personnes qui ne croient pas aux religions ; et enfin *obligatoire*, car sans obligation d'envoyer les enfants à l'école, par exemple en les forçant à travailler comme les adultes, il n'y a plus d'égalité.

L'école nous apprend à devenir des citoyens et à comprendre le monde où nous vivons. Même si on aime mieux jouer que travailler, il faut se souvenir qu'en inventant *skholê* en Grèce, *schola* à Rome, *school* en Angleterre, *Schule* en Allemagne, *école* (d'abord avec le *s*, *escole*, comme dans *scolaire*) en France, on a dit qu'il fallait avoir la liberté de choisir pour pouvoir apprendre ensemble, ce qui nous permettra de mieux vivre tous ensemble. Alors, tous à l'école !

Écran
Beaucoup d'écrans

Un seul mot peut servir à montrer des réalités bien différentes. Par exemple, *écran* existe en français depuis le Moyen Âge, à une époque où on ne connaissait ni cinéma ni télévision.

C'était un mot pris au néerlandais, la langue germanique parlée au Pays-Bas (la Hollande est une de ses provinces) et en Belgique (le flamand). Ce mot voulait dire « paravent, surface qui arrête la lumière ou la chaleur » ; il s'écrit *Scherm* (skèrm') et il est apparenté à l'allemand *Schranke,* qui veut dire « barrière », et à l'anglais *screen,* qui, lui, a changé de sens en même temps que le mot *écran.*

Un écran, c'est d'abord ce qui empêche la lumière de passer. On parle encore d'un « écran de fumée » quand la fumée obscurcit la vue. On mettait un écran devant la cheminée, pour que le feu ne chauffe pas trop fort ceux qui étaient devant. Mais quand les frères Lumière inventent le **cinéma** (voir ce mot), l'écran, en arrêtant la lumière du projecteur, reçoit les images que l'on montre. C'est alors que le mot change de sens, parce qu'on ne regarde pas l'écran du même côté : quand on est derrière un écran, il cache – c'est son premier sens. Quand on est devant, on y voit des choses, et il devient l'endroit où l'on regarde le **film**.

Ensuite, le mot *écran* s'emploie pour « cinéma », et on dit, quand on fait un film avec l'histoire d'un roman, qu'on « porte le roman à l'écran ». Puis vient la **télé(vision)**, où la partie fluorescente, celle où on voit l'image, est appelée *écran,* ce qui change encore le sens du mot. Le vrai écran reçoit la lumière et les images qui viennent d'un projecteur ; celui de la télé fabrique la lumière et les images.

Une nouvelle famille d'écrans apparaît ; celui de la télé est appelé le *petit écran,* celui du cinéma, le *grand écran.* Dans la famille de l'écran de télé, arrive l'écran de l'ordinateur, puis celui du **téléphone** portable, qui n'est plus seulement téléphone, et celui de la tablette, celui de la liseuse, qui sont des écrans « tactiles » (du latin *tactilis,* « du toucher », dérivé du verbe *tangere,* « toucher », comme le *tact* qui est une manière de toucher). Quand on touche ces écrans, quelque chose apparaît, bouge ou disparaît.

Les écrans, après avoir arrêté la chaleur et la lumière, se sont mis à être lumineux et à présenter des images. Le mot est le même, les choses qu'ils désignent ont changé. Cela arrive souvent.

Éléphant
ça ne trompe pas

Un éléphant, ça trompe, ça trompe
Un éléphant, ça trompe énormément !

Cette chanson est rigolote, mais c'est elle qui nous trompe ou qui se trompe. *Tromper* veut dire « faire croire une chose fausse à quelqu'un » et *se tromper*, « faire une erreur ». L'éléphant ne peut pas nous tromper, puisqu'il ne parle pas. Mais c'est vrai qu'il a une trompe et qu'il est énorme.

trompe
trompette
tromper
se tromper
trombone
olifant

La trompe d'éléphant est comme un très long nez ; elle ressemble à un long tube creux, et on lui a donné le nom de *trompe,* qui se disait d'un instrument où on soufflait pour faire de la musique : la *trompette* est une petite trompe, et il y a des *trompes de chasse,* qu'on appelle aussi *cors de chasse.* En italien, on dit *tromba,* d'où le *trombone,* qui est une grosse trompe.

La trompe d'éléphant ne fait pas de musique et ne trompe pas ; elle sert à la fois de nez et de main, en prenant les aliments qu'elle peut porter à la bouche de l'éléphant. Pourtant le verbe *tromper* pourrait bien venir de *trompe* : se moquer de quelqu'un en lui jouant de la trompe dans l'oreille se disait *se tromper* de lui. Ensuite, on a dit *tromper* pour « faire une farce, raconter des bêtises » et le son de trompe est devenu une parole fausse.

De son côté, le mot *éléphant,* lui, pourrait bien nous tromper. Il vient d'un mot grec qui ne désigne pas du tout un animal, mais une matière précieuse, l'ivoire. Ce mot, *elephas* (*ph-*, c'est *f*, en grec et souvent en français), est devenu latin, avec le même sens, car on connaissait l'ivoire avant de savoir d'où il venait. Quand on s'est aperçu que cette matière qui servait à faire des bijoux, des objets précieux, était tiré des grandes dents avec lesquelles cet énorme animal pouvait se défendre – on les appelle des *défenses* –, le mot *elephantus* a servi à nommer l'animal lui-même.

C'est pourquoi l'*éléphant* s'appelle ainsi en français, mais on n'avait pas oublié le premier sens du mot, « ivoire », et quand Roland, le chevalier qui combat pour Charlemagne, sonne du cor, un cor d'ivoire, on dit en vieux français que ce cor, cette trompe est un *olifant.*

L'éléphant a une trompe qui ressemble à un instrument de musique, et des défenses en ivoire, cet ivoire ayant servi à faire... une trompe appelée aussi *cor* (mot qui vient de *corne*).

Ce n'est pas l'éléphant qui trompe, mais les mots, qui voltigent dans tous les sens en passant de la corne au cor, de l'olifant à l'éléphant. Les mots sont comme « des éléphants dans un magasin de porcelaine », ce qui veut dire qu'ils bousculent les choses et les idées, et qu'ils peuvent tout casser. Mais comme ils sont plutôt gentils, ils se retiennent.

Fesses

Avec le **pied**, on peut donner des coups : le coup de pied, souvent, on le fait au derrière, aux fesses, et si on est plus grossier, au cul.

fesse(s)
fessées
fesser

Ce sont des mots qui font rire. On peut se demander pourquoi, presque tout le monde a un devant – la figure, la poitrine, le ventre... – et un derrière – la nuque, le dos, les fesses. À part *nuque,* qui vient de la langue arabe, tous ces mots, comme la plupart des noms des parties de notre corps, viennent du latin. Pas étonnant, puisque le français est apparu avec tous les langages (les « dialectes ») qui venaient du latin parlé dans la *Gaule* celtique, devenue la *France* à cause des rois germaniques, les Francs. Certains de ces noms sont au singulier : *le* ventre, *le* dos ; d'autres vont par deux : *les* jambes, *les* cuisses, *les* fesses. Même chose pour l'intérieur du corps : *le* cœur, *le* foie, mais *les* reins, *les* poumons.

Donc, notre « derrière » – tu penses à un autre mot, c'est du très bon latin, *culus* – est formé de deux *fesses.* Encore un mot qui vient du latin, mais d'une manière bizarre.

En bon latin, les fesses se disaient *nates (na-tès)* : c'est un pluriel ; en vieux français, on avait un mot venu de ce *nates* : on disait les *naches.* Mais si je dis : « tu mériterais un bon coup de pied aux naches », personne ne me comprendra, aujourd'hui. *Nache* est, avec beaucoup d'autres, un mot disparu.

Il y avait une autre façon de dire « les fesses » en latin, c'était un dérivé du verbe *findere* (qui a donné *fendre* en français), qui était *fissa,* « les fentes » (singulier *fissum*). Cela arrive à beaucoup de mots : désigner ce qui est à côté, tout près (on appelle ça une *métonymie,* du grec *méta-,* « plus loin », et *nomos,* « le nom »). Comme le mot *fissa* est au pluriel, et qu'il n'y a qu'un *fissum* (c'est la raie des fesses !), le mot latin puis français a désigné les deux ensembles faits de muscles et de tissus *adipeux* (ce qui signifie « de graisse »). Ils sont deux ; c'est un pluriel. Si on dit : « être assis *sur une fesse* », ce n'est pas confortable ; et on ne dira jamais « je vais te botter *une fesse* », ou ce sera pour rire. C'est vrai aussi pour la *fessée,* bien que ce mot ne désigne ni une ni deux fesses, mais vienne du latin *fascia,* qui était le nom de la bande de tissu qui servait à fouetter, premier sens de *fesser.* Mais bien sûr, à cause de la ressemblance des mots, *fesser* et *fessée* se sont rapprochés de plus en plus des *fesses* ou plutôt de l'idée de « fesses », car les mots ne font pas mal.

Si les fesses sont la cible des coups, elles sont aussi précieuses. On dit : « ça coûte la peau des fesses » et cela signifie « très cher ». De quoi nous rassurer sur la valeur de nos fesses.

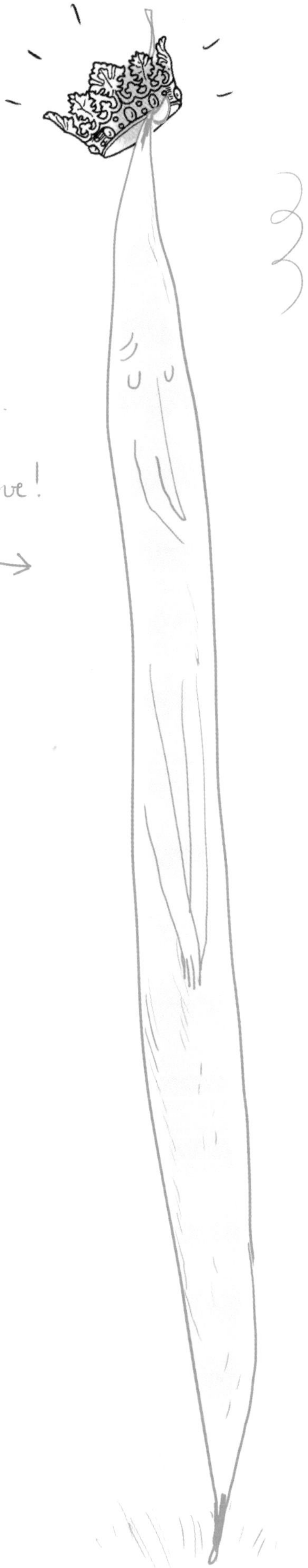

Fève
et haricot

Aujourd'hui, la fève est plus rare que les haricots. Le nom de la première est très facile à expliquer, car il vient du latin *faba,* avec le même sens. C'est depuis des dizaines de siècles (*siècle,* c'est cent ans) et même des *millénaires* (durée de mille ans) un légume connu en Europe.

Mais *haricot,* avec ce *h* qui empêche de dire « lézaricots » ? Ce *h* était prononcé dans la langue des anciens Francs, qui ressemblait à celle des Allemands du Nord et des Hollandais. Cette langue, appelée *francique,* est encore parlée en Lorraine ; c'est une langue « germanique » (de *Germania,* le nom latin de l'Allemagne).

Inde
dinde
Indiens

À l'époque ancienne, avant la découverte de l'Amérique, on ne connaissait en Europe que les fèves. Les haricots, eux, ont été découverts par les Espagnols au Mexique, comme les tomates, le maïs, les dindes et les dindons ! Mais les mots ont des histoires différentes : *tomate* a gardé le nom aztèque, *maïs* vient d'une autre langue des Indiens d'Amérique, le taïno ; *dinde*, c'est tout simplement le nom français donné à cet oiseau qui ressemble à une poule en plus gros, la *poule d'Inde*, parce qu'on appelait *l'Inde* la partie de l'Amérique qu'on venait de découvrir. Quand on mange la dinde de Noël, elle ne vient plus d'Amérique, ni de l'Inde. D'ailleurs, on dit toujours *les Indiens*, ce qui est nul, parce que les habitants de l'Amérique n'ont jamais été en Inde : on fait comme s'il y avait deux « Indes » différentes, parce qu'on croyait, en allant vers l'Amérique, qu'on allait trouver l'Asie !

Pour les « haricots », qui sont des graines bonnes à manger, et aussi leur enveloppe (une cosse : ce sont les « haricots vers »), leur nom est complètement bizarre. Le mot *haricot* n'est pas du tout mexicain, ni latin (comme *fève*), mais germanique. Ce n'est même pas le nom d'un légume, mais d'un plat de viande coupée en morceaux, comme un ragoût. En effet, le mot *haricot* vient d'un verbe qui voulait dire « couper, déchirer, casser, écraser » et qui existait en vieux français : *harigoter*. Le haricot, comme on pourrait dire : l'« écrabouillis (de viande) ». Ce sens ancien du mot *haricot* existe encore quand on parle du « haricot de mouton », qui est un plat de viande où il y a du mouton, bien sûr, mais pas forcément des haricots.

Ce qui est arrivé, c'est que ce plat allait très bien avec le nouveau légume découvert au Mexique et qui poussait maintenant en Europe. Comme ces graines n'avaient pas de nom, on les a appelées des fèves (elles leur ressemblaient). Quand on dit en français, au Canada, qu'on mange des *fèves au lard*, ces « fèves » sont des haricots. En France, à l'époque de Louis XIII, on a trouvé que le légume mexicain accompagnait très bien le plat de viande et on l'a appelé *fèves de haricot* (pour le ragoût appelé *haricot*). Pour le dire plus vite, la « fève de haricot » est devenue « le haricot ». Le légume a pris la place du plat, qui n'était plus à la mode.

Films
séries, épisodes

Encore le ciné et la télé. Ce qu'on voit au ciné, ce sont des films ; à la télé, beaucoup de programmes, sur plusieurs chaînes, des infos (pour *informations*), des reportages, des séries, qui sont comme des films à épisodes.

Film est un mot anglais, encore un. On aurait pu dire *pellicule*, puisqu'on enregistrait les images, avant ce qu'on appelle le numérique, sur une bande souple et fine appelée *pellicule*, ce qui veut dire « petite peau » (*pel*, c'est la peau, et *-icule*, c'est un suffixe latin, ce qu'on met à la fin d'un mot, comme dans *ridicule*, « qui fait rire » – *ridere* en latin). Le film est d'abord une réalité technique, une fine couche sur du Celluloïd qui reçoit les images. Puis on s'intéresse aux contenus et le film devient une histoire en images qui bougent. La musique et la parole viendront plus tard (il y a presque quatre-vingt-dix ans, quand même) et on dit alors *le cinéma parlant*. Puis la couleur, le grand écran, le relief ou la troisième dimension – on dit « la trois D ».

Des films, il y en a de plusieurs genres, comédies, comédies musicales, drames, policiers, westerns (histoires de l'Ouest des États-Unis, *west* en anglais : on pourrait dire des *ouestoires* – histoires de l'Ouest), et puis des dessins animés (on dit aussi « films d'animation »). Le film, c'est donc une suite d'images animées ou un mouvement en **images** ; le plus souvent, ça raconte une histoire. Quand on dit : « j'ai rien compris au film », cela signifie « à ce qui s'est passé dans la réalité ». Mais on dit aussi « c'est du **cinéma** » pour « ce n'est pas vrai » et « il fait son cinéma » pour « du spectacle, de la comédie ».

À la télé, parmi tous les programmes, il y a des films (de cinéma) et des séries. La *série*, c'est une autre idée, celle d'une suite de choses, d'événements qui sont liés entre eux. Ces sont les mathématiciens qui ont pris le mot au latin, langue où *series* (sé-riès') vient du verbe *serere*, « entrelacer, tresser ». Les événements, dans une série de télé, sont liés entre eux comme les cheveux dans une tresse et les personnages se retrouvent d'un *épisode* à l'autre. *Épisode* vient du grec, au sens de « ce qui arrive après ». Le mot grec se divise : *epi-eis-odos* : ce qui entre ensuite (*epi-*) dans le chemin (*hodos*). Dans la tragédie grecque, l'épisode était une partie secondaire de l'histoire, l'essentiel était raconté par le chœur (les acteurs qui récitaient ensemble). Aujourd'hui, c'est une partie de la série, montrée en une fois. Le mot *série*, pour « suite organisée », est courant en mathématiques, en sciences naturelles, en sport (pour un classement : une *tête de série*), en commerce, dans l'industrie, etc. Le succès de la télévision a donné au sens que ce mot a pris alors autant d'importance que *film*. Pour le *film*, on était passé de l'idée de « pellicule » (on parle aussi de mettre un produit « sous film ») à celle d'« histoire racontée en images qui bougent et où les événements viennent les uns à la suite des autres, ce qui fait une *série* ». Sauf que cette suite est souvent bousculée en passant du présent au passé (cela s'appelle *flash back*, « éclairer (*flash*) en arrière (*back*) », encore de l'anglais) et du passé à l'avenir, ce qui peut rendre l'histoire difficile à comprendre. Entre le film, qui est montré au cinéma, à la télé, enregistré en DVD – c'est un **disque** – et la série, la grande différence est qu'on voit l'histoire du premier d'un coup, tandis que la seconde, la série, est faite d'épisodes qui forment des « saisons ».

Bon, on la refait...
Mais avant : n° 3721, plus d'intensité dramatique, n° 1882, ta montre !, n° 2564, retouches maquillage...

Fourchette

Petite fourche et cuiller à soupe

Avant l'époque de François Ier, au Moyen Âge, on mangeait dans des *écuelles* (le mot vient du latin, où *scutella* désignait une petite coupe) avec des *cuillers* en bois et on coupait les aliments durs avec des *couteaux*, comme aujourd'hui.

coquille

cuiller

fourche
fourchette

jardin
jardinet

Tous ces mots viennent du latin, car les Romains connaissaient ces instruments : le nom de la *cuiller*, par exemple, vient du latin *cochlearia*, prononcé *cokléaria* (on a d'abord parlé de *collèr*). C'était un instrument creux avec un manche, la partie creuse étant comparée à une coquille d'escargot (*cochlea* en latin, mot grec pour « coquille »).

As-tu remarqué que l'écuelle avait été remplacée par les assiettes et qu'il n'y avait pas de « fourchette » ? Celle-ci était inconnue au Moyen Âge : on se servait du couteau et de ses doigts pour prendre les aliments solides. Mais les Italiens avaient inventé un petit instrument à deux dents, pour piquer et apporter à la bouche ; il ressemblait à une petite fourche, appelée *forca* en latin, mot qui est devenu *fourche* en français. On a donc fait en France comme en italien : petite fourche, *fourche-ette*. La fourche était l'instrument de tous les paysans ; la fourchette, au contraire, a commencé à s'employer chez les riches et les gens à la mode. Mais peu à peu, parce qu'on mangeait plus proprement, on a ajouté la fourchette au couteau et à la cuiller. Cela évite de manger avec ses doigts.

Le nom de la *fourchette*, qui se termine en *-ette* (avec un nom masculin, ce serait *-et*, avec un adjectif, *-et*, *-ette* : *jardinet*, « petit jardin » ; *propret*, *proprette*, « un peu propre ») s'appelle un « diminutif ». Mais quand on diminue ce que signifie un mot, on peut le modifier. Une *maisonnette* est bien une petite maison, mais une *tablette* n'est pas tout à fait une table et une *fourchette* n'est plus du tout une fourche. En plus, beaucoup de noms n'ont pas de diminutif : on ne dit pas « chaisette » pour « petite chaise ». D'autres mots ont été des diminutifs, mais celui qu'ils ont diminué n'existe plus ou est devenu rare. *Bicyclette* a été, au début, un petit *bicycle*, ce qui veut dire « à deux (*bi-*) roues (*-cycle*, du grec *kuklos*, « cercle ») ». Mais aujourd'hui, on ne parle plus de *bicycle* et *bicyclette* se retrouve à côté de *vélo*, qui est le début d'un mot qu'on n'emploie plus : *vélocipède* (ça voulait dire « véloce, rapide, avec le pied »).

propre
propret
proprette

maison
maisonnette

table
tablette

véloce
vélocipède
vélo

De même, la fourchette ne fait plus penser à une fourche, mais à la cuiller et au couteau. Les mots s'arrangent dans nos têtes à la fois d'après leur sens (*fourchette-couteau*) et d'après leur forme (*fourchette-fourche*), mais c'est le sens qui est le plus important, quand on veut parler des choses.

Fraises

Monsieur Fraizier ramène ses fraises

Depuis l'époque de tes arrière-grands-parents, on dit que quelqu'un « ramène sa fraise » quand il vient vers nous. La fraise est une image : c'est la tête, le visage auquel on donne pour s'amuser le nom d'une chose ronde ou presque, une pomme, une fraise. Le mot *tête* lui-même vient du latin *testa*, qui était le nom d'un pot (la « vraie » tête, en latin, se dit *caput*, qu'on reconnaît dans *capuche*, et qu'on ne reconnaît pas dans *chef*, qui vient pourtant de ce *caput*).

Les fraises, on les connaît depuis très longtemps, en Europe ; c'est le petit fruit qui pousse souvent dans les bois (on l'appelle *fraise des bois*). Le mot latin qui nommait ce fruit était *fragum*, réduit en vieux français à *fraie*, et plus tard transformé en *fraise* (peut-être pour mieux ressembler à *framboise*). Aujourd'hui, tout le monde peut voir chez les marchands qu'il y a deux sortes de fraises : les petites fraises des bois, délicieuses, et qui n'étaient pas cultivées, les fraises plus rouges, plus grosses, qui sont cultivées et ont plusieurs variétés, des très bonnes, comme les gariguettes, d'autres plus grosses et parfois fades.

Elles ont le même nom, mais ce sont deux fruits différents, et les grosses fraises bien rouges viennent de très loin, à l'époque des rois Louis XV et Louis XVI.

C'est alors qu'un officier de marine, revenant d'Amérique du Sud, eut l'idée de rapporter en France les grosses fraises, bien différentes des fraises des bois qui poussaient sans être cultivées en Europe. Il les avait trouvées au Chili, et pour revenir de ce pays, qui s'étend au long de l'océan Pacifique, il fallait passer par le cap Horn, tout au sud de l'Amérique, et affronter les tempêtes. Le voyage sur des navires à voiles était une expédition à risques, et c'est pourquoi les choses qu'on rapportait étaient précieuses. Par un hasard très bizarre et amusant, l'officier de marine qui rapportait ces grosses fraises du Chili s'appelait... Fraizier. Comme si son nom l'avait poussé à trouver une plante qui avait (en français) le même nom que lui, le *fraisier* (sauf que son nom s'écrivait avec un *z*, mais le *s* de *fraise* se dit *z*).

Fraizier ramène des fraises, ou plutôt des fraisiers et leurs graines. Il arrive en Bretagne. On les plante, on les cultive ; il y en a vite beaucoup plus que des petites fraises des bois, qu'on se contentait de cueillir. Les nouvelles fraises, au contraire, devinrent l'un des fruits les plus recherchés et les plus vendus. Elles étaient cultivées d'abord en Bretagne, puis un peu partout en France et en Europe.

Le fruit du fraisier a gardé son nom, mais grâce au marin Fraizier, il a changé et surtout il est devenu beaucoup plus facile à trouver. Sans que les mots le disent, la fraise actuelle (sauf celle des bois), comme la **tomate**, le **haricot**, la « pomme de terre » (qui n'est pas du tout une pomme) ou le maïs, est un cadeau de l'Amérique centrale et de l'Amérique du Sud. Mais seuls *tomate* et *maïs* sont des mots venus avec ce qu'ils désignent. Les autres ont pris des noms anciens, nés en Europe.

Fromage
ou formage ?

Si j'appelle le fromage un formage, on va penser que je fais une faute et que je ne sais pas bien parler.

forme
fourme
former
déformer

En fait, c'est tout le contraire : le bon mot était *formage*, parce que cet aliment est fait de lait qu'on a laissé se coaguler, ce qui le rend solide ou pâteux et lui permet de garder sa *forme*, en latin *forma*. Ce mot latin, qui se dit de toute forme, a fini par remplacer un mot tout différent, *caseus*, qui a servi à désigner le fromage dans plusieurs langues : *queso* en espagnol, *Käse* (kèzeu) en allemand, *cheese* (tchize) en anglais. Mais en italien, l'expression latine *caseus formaticus*, « fromage formé », a donné *formaggio* et, en français, par un changement de prononciation (*fro-* au lieu de *for-*), notre mot *fromage*, avec *fr-* comme dans *fruit* ou *froment* (une variété de blé). C'est quand même, au début, une faute, comme si on avait dit la *frome*, la *frotune* pour *forme* et *fortune*. Mais **quand tout le monde répète une faute, elle devient normale.** Dans le Centre et le Sud de la France, on ne fait pas la faute quand on appelle un fromage la *fourme* (et pas la « froume » !).

Il y a beaucoup de sortes de fromages, et beaucoup de noms de fromages, souvent les noms des endroits où on les fabrique, comme le *gruyère*, nom d'une vallée des Alpes suisses, le *cantal* (c'est en Auvergne), le *roquefort*, nom d'une ville de l'Aveyron qui veut dire « roc, rocher fortifié », le *camembert*, un petit village de Normandie. Il y a tellement de fromages différents en France qu'on dit qu'on pourrait changer de fromage chaque jour de l'année. 365 fromages pour 365 jours, ce serait trop compliqué. Nous avons tous nos fromages favoris, suivant qu'on les aime forts ou doux, mous ou durs, « à pâte pressée » ou non, avec des endroits bleus (on dit : du « bleu » de tel endroit) ou pas.

Comme le fromage est un aliment auquel on donne une forme, on peut appeler *fromage* un pâté fait avec de la « tête » de porc (les joues, les parties bonnes à manger) en gelée, un *fromage de tête*, mais ce n'est pas un vrai fromage, qui est toujours fait avec du lait. Même si le *fromage blanc* a un goût différent des autres fromages, c'en est un. À cause du lait, pas tellement à cause de la forme ; comme il est mou, il peut en changer, ce qui s'appelle *dé-former*. Même si on parle de fromage, il ne faut pas dire *dé-fromer* !

Changer les mots ne peut se faire que si tout le monde est d'accord : c'est le cas pour *fromage*, pas pour les autres mots où il y a *forme*.

Quand l'Histoire raconte une histoire…

Histoire

Raconter des histoires, ou apprendre l'Histoire ?

Le mot *histoire* a plusieurs facettes. Si je dis : « tu me racontes des histoires », il s'agit de mensonges ; si on parle de « belles histoires », ce sont des récits agréables, qui peuvent représenter la réalité ou être complètement inventés (des **contes**, des fables…) ; si on étudie l'Histoire, tout court, ou bien l'histoire de l'Europe, celle de la Chine, c'est le contraire du mensonge ou de l'invention. On recherche alors ce qui s'est vraiment passé, depuis la *préhistoire* (avant l'écriture) jusqu'à nos jours : l'*histoire contemporaine*, ce qui signifie « du temps (mot qui vient du latin *tempus*) qui est avec (*cum*) nous ».

conte

préhistoire
historien

chronique
chronologie

chronomètre

Une histoire, des histoires, d'un côté ; l'Histoire, de l'autre. Ce n'est pas du tout la même chose, mais c'est toujours un récit. Ce mot, *histoire*, a été pris au latin *historia*, qui avait déjà plusieurs des sens que nous connaissons. *Historia* venait du grec, où ce mot signifiait « recherche pour connaître, pour s'informer » et « connaissance, information », que ce soit d'une chose décrite ou d'une succession d'actions, d'événements. L'idée de « temps », qui est maintenant très importante pour l'histoire, correspondait en grec au mot *khronos*, d'où viennent *chronique*, *chronologie*, *chronomètre* (la mesure – *mètre* – du temps).

Ce mot grec, *historia*, ne parle pas du temps, mais de la connaissance en général. Il vient d'une forme d'un verbe qui voulait dire « savoir » et qui est de la même famille que le latin *videre*, « voir ». Pourtant, nos verbes *voir* et *savoir*, malgré la fin semblable, n'ont pas du tout la même origine.

Histoire, pour « connaissance des choses », a donné l'expression *histoire naturelle*, remplacée aujourd'hui par *sciences naturelles* ou *sciences de la nature*. Mais plus souvent, il s'agissait de connaître et de raconter ce qui s'était passé autrefois, dans la durée, dans le temps. Mais on peut aussi inventer, imaginer des choses, des actes, avec des personnages qui n'ont jamais existé et raconter leurs aventures dans une durée, avec un commencement (un début), des époques, des moments, une fin.

Les *historiens* racontent ce qui s'est vraiment passé. Ils expliquent l'Histoire, qui est l'aventure de l'espèce humaine sur la Terre, sur toute la Terre, et aujourd'hui, avec l'exploration de l'espace, jusque sur la Lune et les planètes.

Avec ce même mot, on peut dire des choses différentes : « tout ça, c'est des histoires », ce sont des mensonges ; « une leçon d'Histoire », c'est du vrai. Une histoire, ça peut être vrai ou inventé. L'essentiel, c'est que ça soit intéressant, amusant (les « histoires drôles ») ou, encore mieux, les deux à la fois. Et comme la vérité n'est pas toujours amusante, ni intéressante, on peut dire d'une histoire vraie que c'est une histoire de fous !

Image
Des images dans la tête

imaginer
imagination
imaginaire
inimaginable

La réalité, autour de nous, nous ne pouvons la connaître que par nos cinq sens, qui sont la vue, l'ouïe (du vieux verbe *ouïr*, qui veut dire « entendre »), le toucher, l'odorat et le goût. Avec les sensations, arrivent les images de la réalité, qui sont des apparences, avec des formes, des couleurs, des sons, des odeurs, des goûts.

Les formes et les couleurs, en particulier, ou bien viennent de la réalité (on voit, on regarde les choses) ou bien sont fabriquées pour lui ressembler. La télé, le cinéma, la photo, le dessin, la peinture, la sculpture nous donnent des images. Un portrait est l'image d'une personne. Le mot latin *imago*, d'où vient le français *image*, se disait d'un portrait, d'une statue, et aussi d'une apparence de ce qui n'existe pas, d'un fantôme. C'était quand on parlait latin en Italie, en Espagne, en Gaule, qui allait devenir la France, il y a 2 000 ans. Aujourd'hui, lorsqu'on parle d'*images*, il y a encore des choses réelles, des signes du réel et aussi des choses qui n'existent que dans la tête. C'est ce que disent les mots *imaginer* et *imagination*. Notre esprit, en effet, peut fabriquer des images. Cela arrive très souvent, lorsqu'on dort et qu'on rêve, et aussi quand on invente des choses qui, sans exister vraiment, ont l'apparence d'exister. On dit que ces choses sont *imaginaires*. Ce qu'on imagine peut être vrai ou pas ; parfois, ce n'est pas encore vrai, mais cela peut le devenir. Les inventeurs rendent vrai l'imaginaire. Léonard de Vinci, le grand peintre italien, imaginait des appareils et des machines qui n'existaient pas ; il dessinait leur image ; Jules Verne, l'écrivain français, imaginait qu'on irait « de la Terre à la Lune », qu'on voyagerait sous la mer, qu'on verrait et qu'on entendrait des choses de très loin (ce sera la télévision) ; il racontait ces choses dans des livres. Leurs imaginations, leurs images n'existaient pas ; elles sont devenues vraies. C'est presque in-imaginable !

Lire
écrire

Savoir lire est nécessaire pour pouvoir écrire. Si on sait écrire, c'est qu'on sait lire.

lecture
écriture
intelligent
lettre
caractère

Pour pouvoir lire, il faut connaître les signes d'une écriture, pour nous, *a, b, c, d* et la suite, jusqu'à *z* (l'*alphabet*, parce que en grec, les lettres s'appellent *alpha, bêta*...). Mais cela ne suffit pas ; il faut savoir comment combiner ces signes, qui sont des lettres, et savoir à quels sons de la langue parlée ils correspondent : *ba, be, bi* ; *ca, cou, cu* (on rigole) ; *di, do, do-mi-no* et ainsi de suite. En fait, c'est plus compliqué. *C* suivi de *h*, c'est comme dans *chat*, mais parfois c'est *ke*, comme dans *psy-cho* ou *cho-ral*. Il faut connaître des règles, différentes selon les langues : *ch* en italien, c'est toujours *ke* ; *oo* en anglais, c'est *ou* (on le sait, même en français, quand on prend un mot à l'anglais : c'est ***cool***).

L'histoire de *lire* et de *lecture* est bizarre. Le verbe latin que ces mots continuent est *legere* (on disait léguéré), au participe *lectus*. Au début, *legere* ne voulait pas dire « lire », mais « cueillir, ramasser ». Pour cueillir des fleurs, il faut les choisir parmi les autres plantes ; de même, on « cueille par les yeux » (*legere oculis*, en latin) quand on distingue les lettres, et le résultat, quand on connaît ces lettres et qu'on comprend à quels sons elles correspondent, c'est comme si on entendait parler : c'est la *lecture*. Faire le bon rapport *entre* les lettres, les signes, cela se dit, toujours en latin, *inter* (entre) *legere* ; un petit changement du *é* en *i*, on enlève le *r* de *inter* (difficile à prononcer avant un *l*) et ça devient *intellegere*, d'où vient *intelligentia, intelligence*. Savoir lire rend plus intelligent ? En tout cas, cela fait comprendre beaucoup plus de choses, celles qui sont écrites.

Écrire, maintenant. C'est « tracer les signes d'une écriture », pour nous, les lettres de notre alphabet, les accents, les signes de ponctuation (les points, les virgules, etc.). Nous avons la chance d'avoir une écriture – celle qui vient du latin – répandue dans de nombreux pays, mais il y en a d'autres : la grecque, la russe (inventée par saint Cyrille, on l'appelle *cyrillique*), qui ressemble beaucoup à la grecque, et puis l'hébreu, l'arabe. Leurs lettres représentent les sons du langage (toutes ont les consonnes, la plupart les consonnes et les voyelles). D'autres écritures encore, qui ont beaucoup plus de signes, représentent à la fois les sons et les idées ; elles n'ont pas des « lettres » mais des *caractères*. Par exemple, l'écriture chinoise, l'une des écritures japonaises (ils en ont trois, ce qui est un gros travail

Cyrille
cyrillique
hiéroglyphe
papier
papyrus

pour les élèves japonais !) ou, disparus sauf quand ils sont gravés dans la pierre, les hiéroglyphes égyptiens de l'Antiquité. *Hiéro-glyphe,* mot grec, signifie « gravure (*-glyphe*) sacrée (*hiéro-*) ».

Et il est vrai que la plupart des écritures très anciennes étaient gravées dans la pierre ou dans un objet dur. *Écrire,* autrefois *escrire,* vient du latin *scribere* (le *scribe* était un spécialiste de l'écriture) qui voulait dire, comme en français, « tracer des signes, écrire », mais qui venait de mots plus anciens signifiant « gratter, faire des traits dans la pierre ». Ensuite, on a pu dessiner les caractères, les lettres, sur des matières souples, des feuilles, puis sur cette matière fabriquée appelée *papier,* mot qui vient du grec *papyrus,* ancêtre du papier fait avec la feuille d'une plante, et inventé en Égypte. En égyptien ancien, *pap-ouros* voulait dire « le royal », parce que (croit-on) le souverain, le pharaon avait seul le droit de fabriquer ce papyrus. Le papier est né en Chine, fait à partir d'une écorce.

papyrus
papier

Mais si la surface sur laquelle on écrit change, pierre, papyrus, papier, aujourd'hui écran d'**ordinateur** ou de **téléphone**, la lecture et l'écriture, elles, la manière de montrer la parole et de la conserver, de comprendre les signes, continuent à nous rendre plus « intelligents », « inter-lisants » pour ainsi dire. Pour pouvoir comprendre, il faut parfois « lire entre les lignes », deviner ce qui n'est pas écrit. Mais pour cela, il faut savoir très bien lire ce qui est écrit.

SA
VEZ
VOUS
ÉCRIRE ?
OU BIEN SEU
-LEMENT LIRE
L'ALPHABET ?

Magique !

Quand on trouve qu'une chose est superbe, qu'un spectacle est magnifique, et qu'on ne s'y attendait pas, voilà ce qu'on dit, en donnant à l'adjectif *magique* le sens banal de « super, formidable, étonnant »... *Magique,* c'est pourtant autre chose : ce qui est fait de manière inexplicable, surnaturelle, par *magie.*

preste
prestidigitateur

magie
magicien
mage

sort
sorcier/sorcière
sorcellerie
ensorceler

La magie elle-même est aujourd'hui un art de l'illusion, celui qu'exercent les magiciens, les prestidigitateurs dont les doigts (*digit-*) sont *prestes,* rapides, quand ils font des « tours de magie ». Autrefois, la magie, on la croyait inspirée par des forces mystérieuses, et parfois par le diable.

Tous ces mots, *magie, magique, magicien,* viennent du nom d'un personnage très ancien, un prêtre d'une religion disparue de la Perse, celle de Zoroastre. Ce « magu » des Perses paraissait étrange et dangereux, pour les Grecs, et le mot *magos* s'appliqua à des sorciers, à des charlatans. Les Romains les appelaient des *magi* (prononcé *gui*), au singulier *magus,* et le mot est passé en italien (*mago*), en français et dans d'autres langues. Pour les chrétiens, les mages les plus connus sont les trois rois qui, venus de l'Orient, se retrouvèrent à Bethléem, pour adorer Jésus, qui venait de naître. Les trois « rois mages », dans cette histoire racontée dans les évangiles chrétiens, ne sont plus de dangereux sorciers, mais des souverains riches et généreux ; l'un d'entre eux, qui s'appelle Balthazar, est un Africain. C'est en leur honneur, pour la fête de l'*Épiphanie,* un mot grec qui veut dire « apparition, dans la lumière » – le verbe grec *phanein* signifie « briller » –, qu'on mange la galette des rois, qui pourrait s'appeler la galette des mages.

Aujourd'hui, on ne parle plus des mages que pour rappeler que les grands poètes sont comme des super magiciens, qui font apparaître des mondes imaginaires (va voir *Des images dans la tête*). Quant à la magie, on la retrouve dans les histoires fantastiques et les contes, avec la fameuse *baguette magique* des fées. Mais ce qui est vraiment magique est toujours surnaturel ou semble l'être, et dire « c'est magique ! » pour une chose qui plaît, mais qui est naturelle, c'est comme aplatir le mot. Dommage ! Il est vrai que quand on dit d'une chose très facile « c'est pas sorcier ! », on oublie complètement que la sorcellerie est elle aussi mystérieuse et nuisible, car elle « jette des sorts » – *sort, sorcier, sorcellerie, en-sorceler* – (va voir la sorcière à : *Princes et princesses ; fées et sorcières*). Les sorts sont des effets magiques qui font du mal. Le mot *sort* a heureusement d'autres sens : dans *tirer au sort,* c'est juste « le hasard ».

C'est magique, c'est pas sorcier sont de simples manières de parler, mais elles ne font pas oublier le sens premier des mots.

Monstres
Grands et petits monstres

montre
monstrueux
moniteur
monument
prémonition
mythe
mythologie

Quel peut bien être le rapport entre les monstres et les monuments, ou bien les moniteurs ?

C'est que tous *montrent* quelque chose, de manière à rappeler (les monuments rappellent le passé), à exposer une manière de faire (les moniteurs), ou encore à avertir. Le *monstrum* des Romains était un événement extraordinaire dont on pensait qu'il montrait la volonté des dieux. Montrer pour avertir, pour attirer l'attention se disait *monere* et tous les mots dont on vient de parler, de même que *prémonition*, viennent de ce verbe *monere*.

En français aussi, quand on savait le latin, on donnait à ce mot, le *monstre*, le même sens que chez les Romains : un prodige, un miracle, une chose extraordinaire, surnaturelle, mais aussi un être vivant, par exemple une bête étrange, inconnue, anormale et qui faisait peur. Tout ce qui était excessif, étrange et dangereux pouvait être appelé un monstre. Une personne affreusement laide, terriblement méchante, on peut encore dire d'elle : « C'est un monstre. »

Dès qu'on découvrait un gros animal bizarre, c'était un monstre. Certains existaient vraiment, comme les baleines, qui faisaient partie des « monstres marins », d'autres étaient inventés, par exemple les **dragons** ou les sirènes, et beaucoup d'animaux de la mythologie – mot qui veut dire en grec « histoire (*-logie*) inventée, extraordinaire (*mythos*) ». En français, on parle des mythes, ou des fables (du latin *fabula*).

Les fables et les mythes mettent en scène des monstres : le *cyclope* (« l'œil rond ») qui menace Ulysse, le *sphinx* égyptien qui pose des questions difficiles, et si on ne sait pas y répondre, il vous tue (heureusement, Œdipe avait gagné). Tous les contes fantastiques, les légendes (ce mot vient du latin et veut dire « ce qu'il faut lire », du verbe *legere*) ont leurs monstres.

Ce mot, on vient de l'expliquer, ne signifie pas seulement « horrible et dangereux, qui fait peur », mais surtout « qui avertit, qui montre quelque chose de mystérieux, de caché ». Ce qui est *monstrueux* n'est pas seulement étrange et terrible, il prévient de ceci : ce qui n'est pas naturel et dont on a peur démontre autre chose, qu'il faut découvrir. C'est pourquoi il peut y avoir des monstres sympathiques – comme quand on dit « petit monstre ! » à un enfant turbulent et vif.

Ordis
et vidéos

L'*ordi*, c'est, comme la télé pour la télévision, une abréviation du mot *ordinateur*. L'ordinateur a été inventé aux États-Unis, mais son nom français est différent de celui qu'on lui avait donné en anglais, *computer*, dérivé du verbe *compute*, de même origine que notre *compter*, le latin *computare*. Ce qui montre que c'est au début une machine pour calculer, pour faire des opérations avec des chiffres.

ordinateur
ordonner
vidéo
médias

C'est un appareil « électronique » (il fonctionne grâce aux électrons) capable non seulement de compter, de calculer, mais aussi de conserver des millions de choses, des textes, des sons, de la parole, des dessins, des photos, des images qui bougent – comme le cinéma et la télé – et d'organiser, d'ordonner tout cela pour qu'on puisse s'y retrouver. *Ordonner*, mettre en ordre, ce sont des mots pris au latin *ordo, ordinis*, qui s'est d'abord dit de la disposition des fils dans le tissage, puis à tout ce qui était bien arrangé.

Quand les premières machines à calculer électroniques, les *computers*, sont arrivées en France, on a trouvé que le mot *computeur* ne suffisait pas pour tout ce que pouvait faire cet appareil. Quelqu'un s'est dit qu'il fallait insister sur le classement, sur l'ordre qui permettait de retrouver tout ce que la machine gardait dans sa mémoire. En 1956, on a trouvé le mot : *ordinateur*. Il n'était pas complètement nouveau : il y a six cents ans, on avait parlé d'ordinateur pour « celui qui organise ». Le grand ordinateur, c'était le Créateur, Dieu. Mais cet emploi du mot était oublié.

L'ordinateur moderne, l'ordi, fut d'abord un gros appareil pour les spécialistes de l'informatique, les mathématiciens, les physiciens. Puis on a fait des ordinateurs plus petits, des *mini ordinateurs*, des *micro-ordinateurs*. Chacun a pu s'en servir, et faire venir sur son écran, en appuyant sur les touches d'un clavier – comparé à celui d'un piano et surtout de la « machine à écrire », qui a été remplacée par l'ordinateur –, ce qui permet d'écrire, de cliquer, de commander pour trouver ce qu'on cherche, pour montrer, pour faire voir et mettre en face (*face book*, en anglais, « livre des visages, des figures »).

Le mot latin qui signifie « je vois », c'est *video*, du verbe *videre*, « voir ». Ce mot est devenu en anglais le nom du système de transmission des images (son nom savant est : la *vidéofréquence*). La vidéo, en français aussi, se dit de ce qui permet d'enregistrer les images, mais aussi les textes écrits, les sons, tous ces moyens de transmission appelés des *médias* (*media* est le pluriel du latin *medius*, qui désigne ce qui est au milieu et qui peut faire passer d'un lieu à l'autre : mi-lieu). En réalité, la *vidéo*, comme l'*ordinateur*, transmet des contenus nombreux, plusieurs médias (on dit *multimédia*). C'est le cas des *jeux vidéo*, où il y a des images, du son, des bruits, des paroles, de la musique – mais pas beaucoup de textes.

Pied
de nez

pédestre
pédicure
bipède
pédale
piédestal
piétiner
piéton
expédier
piège
empêcher

Le pied fait partie du corps humain ; il est au bout de la jambe, et on s'appuie sur ses deux pieds pour se tenir debout ou pour marcher. Le mot *pied* est aussi vieux que la langue française elle-même.

Au Moyen Âge, les gens parlaient avec des mots latins qu'ils transformaient en les prononçant. En latin, *pied* se dit *pes,* à l'accusatif *pedem,* le premier *e* prononcé long, ce *e* est devenu *ié.* On dit *pié,* mais on garde un *d* à la fin, en souvenir du latin. **Le mot latin lui-même venait de l'ancienne langue parlée en Inde, puis dans presque toute l'Europe qu'on appelle pour cela l'indoeuropéen ; on retrouve ce mot** qu'on écrit *padah* dans le sanskrit, la langue religieuse de l'Inde ancienne, dans le grec *pous, podos* et même, le *p* du début étant devenu un *f,* dans l'anglais *foot.*

Quand on trouve la syllabe *ped-* dans un mot, c'est souvent une histoire de pied : *pédestre, pédicure* (qui soigne – *-cure* – les pieds), *bipède* (qui a deux – *bi* – pieds), *quadrupède* (il en a quatre), *pédale* (on l'appuie avec le pied)... Parfois, c'est *pied-* (*piédestal*) ou *piét-* (*piétiner, piéton* : il marche à pied). Parfois, le mot latin se cache : *ex-péd-ier,* c'est le latin *ex-pedire,* « mettre dehors (*ex-*) le pied quand il est coincé dans un *piège* ». Un verbe qui dit le contraire : « mettre le pied dans un piège », est devenu en français « empêcher ». Jouons avec les mots : on dit *empêcher* et *dépêcher,* mais « impédier » n'existe pas.

Tous ces pieds sont ceux qui servent à marcher. Mais comme la longueur du pied moyen (celui d'un homme adulte), comme celle de la main, ou celle du doigt, a servi à mesurer une longueur, avant qu'on invente le *mètre* (du grec *metron,* « mesure »), le mot *pied* a pris d'autres significations. Par exemple, on dit de quelqu'un qui a fait une bêtise ou qui a dit un gros mensonge que son nez s'allonge. Son nez très long mesure autant qu'un pied. Il fait « un pied de nez », comme on dirait « un mètre de nez ». Pour imiter ce très long nez et le montrer à la personne *dont** on se moque, on étend sa main en appuyant le pouce sur son nez : ça donne « un pied, une longueur de nez ». Ce n'est pas méchant, mais c'est moqueur, comme de *tirer la langue* (on ne dit pas « faire un pied de langue », mais on le pourrait).

À propos du nez, son nom vient aussi du latin et, pour lui aussi, beaucoup de langues ont la même origine : *nasó* en italien, *nose* en anglais, *nase* en allemand, *nos* en russe. Ces mots très courants, *pied* et *nez,* servent à former beaucoup d'expressions comme *le bout du nez, fourrer son nez partout, se prendre les pieds* (dans le tapis), et même *prendre son pied,* qui veut dire « prendre sa part d'une chose agréable, avec l'idée de mesure qui existe dans le *pied de nez. Pied* et *nez* sont des mots avec lesquels on peut s'amuser.

* À propos de ce *dont* : on se moque *d'*une personne ; cette personne est celle *dont* on se moque. On parle *de* toi ; tu es celui ou celle *dont* on parle.

Princes et princesses
fées et sorcières

cendres
Cendrillon

principe
principal

héritier
héréditaire
héritage

Dans certains contes, surtout les contes de fées, les personnages jeunes et beaux, ceux qui ont du charme, comme le *Prince charmant,* sont souvent des princesses et des princes.

À la bonne fée, on oppose la méchante sorcière, et l'héroïne. Par exemple, « Cendrillon » (elle travaille dans les *cendres* du foyer, à la cuisine), ou la bergère, finit par trouver un prince qui se marie avec elle. Dans le genre du « il était une fois » – ce qui nous rappelle que ce n'est plus comme cela aujourd'hui –, la princesse est toujours aimable et généreuse.

Dans la vraie vie, les princes et les princesses sont des nobles, souvent des riches, qui règnent : des presque rois ou reines. Leur nom dit qu'ils sont mieux que les autres : ils sont les « premiers ». En effet, le mot latin *princeps* (prinn'kèps') est formé avec *primus,* « le premier », et le verbe *capere,* qui veut dire « prendre ». Le prince est celui qui prend la première place, et le mot qui le désigne est apparenté à *principe* (l'origine, la première chose à exister) et à *principal.* L'empereur romain Auguste avait été le « prince du Sénat » (*senatus princeps*) avant de devenir plus qu'un roi. Depuis, il y a eu et il y a encore de nombreux princes : ou bien ils règnent, ou bien ils sont de la famille d'un roi, comme le *prince de Galles* qui est le fils aîné du roi ou de la reine d'Angleterre. Quant à la *princesse,* c'est ou bien la femme, ou la fille d'un prince, ou bien une dame qui gouverne un pays sans être élue.

Les princes et les princesses, quand ils régnaient sur un pays, étaient de la famille des souverains : ils étaient *héréditaires* (du latin *heres, heredis,* « l'héritier »). Aujourd'hui, ceux qui gouvernent les pays sont élus, désignés par les gens ; on emploie souvent le mot *président,* qui signifie « qui s'assoit » (en latin *sedere*), « en premier » (*pré-*), ce qui ne veut pas dire qu'il se repose. Mais le président, la présidente, leur nom le dit, sont ou veulent être le premier, la première.

Dans les contes de fées, qui ont été écrits quand les pays étaient gouvernés par des rois et des princes, il n'y a pas de président(e)s mais des princes et des princesses, et on fait comme si ils ou elles étaient toujours excellents – ce qui n'est pas vrai du tout dans l'Histoire, la vraie. Le prince charmant et la belle et jeune princesse sont presque autant des inventions que la bonne fée et l'horrible sorcière. La *fée,* à propos, porte un nom venu en direct du latin, *fata,* le *t* s'étant adouci, puis perdu, et le *a* transformé en *é* (*faé, fée*). Cette *fata* était le féminin du *fatum,* « le destin » ; la fée est une déesse du destin.

Un autre mot vient de *fatum* : c'est *fatal,* d'où *fatalité.* La fée, comme le destin, peut créer ou modifier ce qui doit arriver. Quant à la *sorcière,* elle jette des sorts, ce qu'on a expliqué à propos de « c'est **magique** ». La fée est une bonne magicienne, la sorcière une mauvaise. Ce sont des personnages de contes, mais on a pu y croire autrefois, comme on a cru aux ogres et à d'autres **monstres** surnaturels. Les super héros d'aujourd'hui ne sont pas plus vrais ; comme les fées, ils font rêver.

fatal
fatalité
fée
sorts

Tu seras vilaine comme un pou !
Non, tu seras une petite merveille de beauté...
Tu seras égoïste et veule...
Pas du tout! Tu seras généreuse et franche!

Rhinoféroce

Pour inventer un nouveau mot, c'est facile. On prend un mot qui existe déjà, comme *rhinocéros*, on remplace une partie qui ne veut rien dire (on va voir qu'elle a un sens caché) par un autre mot ressemblant qui a du sens.

fier
féroce
otorhino
rhinocéros
unicorne
bicorne
hippopotame

Comme ce gros animal fait peur, on dit qu'il est *féroce,* ce qui signifie « méchant, cruel ». *Féroce* vient de l'adjectif latin *ferox,* dérivé de *ferus,* qui a donné le mot *fier. Féroce* voulait dire « orgueilleux », *fier* signifiait « cruel, impitoyable ». On dirait que les deux mots se sont échangés leur sens : les *bêtes féroces,* on les disait « fières », les personnes *fières* étaient appelées « féroces ». **Quand on lit des livres très anciens, on a du mal à comprendre, parce que les mots ont changé de sens.**

Le *rhinocéros,* qui vit en Asie et en Afrique, est un gros animal à peau épaisse qui porte une ou deux cornes sur le nez, et qui a la mauvaise habitude de foncer sur ce qui le menace ou qui l'inquiète pour le démolir avec sa corne. Comme les voyageurs grecs de l'Antiquité l'avaient observé et décrit, ils lui ont trouvé un nom dans leur langue, et ce nom, passé en latin, est devenu français, anglais, etc., au Moyen Âge. *Rhis, rhinos* est le mot grec pour « nez » (l'*otorhino* est un médecin qui soigne l'oreille – *otos* – et le nez) ; et *-céros,* avec l'orthographe du latin, c'est *keros* en grec, qui veut dire « corne ». Le rhinocéros est la bête qui a une corne (*keros*) sur le nez (*rhino-*) ; c'est un « nez cornu ». Il y a des rhinocéros *unicornes* (*uni-,* « un », et *corne*) et des *bicornes* (*bi-,* « deux »). Mais cela fait rire, parce qu'un *bicorne,* c'était un chapeau à deux cornes.

Ce qui avait frappé les Grecs, ce n'est pas la corne sur la tête d'un animal : ils connaissaient les bœufs et les chèvres. C'est que, d'habitude, les cornes sont sur les côtés : seule la *licorne,* animal imaginaire qui ressemblait, sur les images, à un cheval, avait une seule corne sur le nez, mais les Grecs ne connaissaient pas les licornes.

Comme le mot est un peu long, on dit souvent *un rhino,* ce qui signifierait seulement « un nez », en grec. On dit aussi un *hippo* pour *hippopotame,* autre mot grec, de *hippos,* « cheval », et *pótamos,* « fleuve ». Les Grecs avaient parfois de drôles d'idées : l'hippopotame ne ressemble pas du tout à un cheval : il est gros, massif, avec des pattes courtes, mais quand il nage, on ne voit que ses naseaux : ce serait plutôt un « nasopotame ». Mais ce mot n'existe pas, de même que le « rhinoféroce ». Ça n'empêche pas de l'inventer

Robes
jupes et pantalons

Chez nous, les robes, comme les jupes, c'est pour les filles ; les pantalons, c'est pour tout le monde, mais autrefois, c'était seulement pour les garçons.

Commençons par *jupe,* qui a complètement changé : le mot vient du nom d'une veste, en arabe (*djoubha*) ; il est passé en Italie par la Sicile, où ont vécu les Arabes, puis en France, où la jupe est devenue ce qu'elle est maintenant : elle va de la ceinture au milieu ou au bas des jambes.

jupon

dérober
enrober

Pantaléon

La *mini-jupe* est plus courte : le mot imite un mot anglais, *mini-skirt,* parce qu'on l'a inventé en Angleterre. Quand les filles portaient sous la jupe une jupe de dessous, elle s'appelait *un jupon.* Dans plusieurs pays, les hommes portent des jupes : le *kilt* des Écossais est une jupe.

La grande différence entre la jupe et la robe, c'est que celle-ci couvre aussi le haut du corps. Une autre différence est que *jupe* a toujours désigné un vêtement (d'abord une veste, en arabe, on vient de le voir), alors que l'histoire du mot *robe* est complètement étrange. Il y avait chez les peuples germaniques (ceux de pays comme l'Allemagne, le Nord de l'Europe, l'Angleterre) un vieux mot qui se disait *rauba* et qui voulait dire « ce qu'on prend aux autres, ce qu'on vole ». Le *rauba* était la prise de guerre, le butin. Plus les choses sont légères et souples, plus c'est facile de les prendre et de les emporter. En effet, ce que des soldats prenaient aux gens qu'on avait tués ou fait prisonniers, c'était plus souvent des vêtements que des meubles. Ce sens de *robe* n'existe plus, mais il y a un verbe français qui le rappelle : c'est *dérober* (*dé-robe-er*), qui veut dire « voler, prendre », et un verbe anglais qui signifie la même chose : *to rob.* Quand ce mot venu du Nord de l'Europe est descendu vers le sud, en provençal, en italien (*roba*), en espagnol (*ropa*), on n'a gardé que l'idée de vêtement, pas celle de vol. En vieux français, on connaissait le sens ancien de « chose volée (*dé-robée*) », mais c'est le mot qui désigne le vêtement qui est devenu le seul courant. D'abord pour un long vêtement porté par les hommes et les femmes (dans l'Antiquité, en Orient, les hommes portaient des robes), puis seulement par les femmes. *Robe* désigne aussi ce qui entoure, recouvre ; de là le verbe *en-robe-er.*

Si l'on veut « enrober » séparément les deux jambes, ce sont d'autres mots. Par exemple, *pantalon,* qui est un ancien prénom. Saint Pantaléon était le patron de la ville de Venise et on a donné son nom, *Pantaleone, Pantalone* (-oné), à un personnage ridicule de la comédie, la même comédie italienne où il y avait *Arlequin* avec son habit de couleur, et Colombine. L'habit de Pantalon est devenu le pantalon, et le pantalon est porté maintenant autant par les femmes que par les hommes. Pendant la Révolution française, les révolutionnaires portaient le pantalon au lieu de la **culotte** des aristocrates (va voir : *culotte*).

Saletés
et malpropretés

sale
salir
salissant

salaud
saligaud
salope
salopard

gueule
dégueuler
dégueulasse

Si on est *malpropre,* on est sale. *Saleté* et *propreté* sont des contraires, des noms qui expriment des idées opposées. C'est pourquoi, avec du grec, on les appelle des *antonymes* (de *anti-*, « contre », et *-nyma,* de *onoma,* « le nom »).

Le mot *sale* est arrivé en français avec les Francs, qui parlaient une langue ressemblant à l'allemand, le francique (on le parle encore en Lorraine). Dans cette langue, le mot se disait d'une chose trouble, un liquide par exemple, ou bien terne, sans éclat. Mais quand il est passé en vieux français, *sale* est devenu pire, et on l'a dit pour taché, souillé (mot ancien pour « sali »). D'autres adjectifs étaient alors plus courants, comme *ord, orde,* qui a donné *ordure,* mais ils ont été remplacés par *sale.* Il y a toute une famille de mots autour de *sale* : *saleté, salir, salissant* (« qui se salit facilement »), et puis des gros mots pour exprimer la saleté morale : *salaud, saligot, salope, salopard...* D'autres gros mots expriment la saleté, qui dégoûte et donne envie de vomir : c'est l'idée qu'exprime *dégueulasse* (à cause de *dégueuler,* « faire sortir de la gueule », c'est-à-dire « faire vomir »). *Dégueulasse* est un mot grossier, comme *cracra, crado, crade,* où *cra-* est pour *crasseux* (*crasse* vient d'un mot latin signifiant « gras, épais, grossier »).

Si les mots de la saleté sont devenus pires (le mot des Francs signifiait seulement « trouble »), ceux de la propreté sont devenus de plus en plus agréables.

En latin, l'adjectif *proprius,* d'où vient *propre,* s'emploie à propos de ce qui appartient à une chose ou à une personne, de ce qui est *pour* (*pro*) elle. C'est, par exemple, le *nom propre,* le nom qui est pour chacun de nous, et que l'on garde. Si l'on est *propre à quelque chose,* c'est qu'on est capable de ça. Un *propre à rien* est quelqu'un qui n'est « bon à rien », qui ne sait rien faire. Mais voilà ce qui s'est passé : si quelque chose est propre à quelqu'un, c'est que cette chose lui convient et si elle convient, c'est qu'elle est bonne, de bel aspect, agréable. *Propre* commence à se dire pour « agréable à voir, bien habillé, bien préparé, bien nettoyé, bien lavé », c'est-à-dire le contraire de *sale.* Comme le premier sens de *propre,* « qui appartient à quelqu'un », avait un dérivé, la *propriété,* il en fallait un autre pour ce qui n'est pas sale : c'est la *propreté,* qui est passé de la belle apparence à l'absence de saleté. Avec le premier *propre,* on a fait un contraire *im-propre,* « qui ne convient pas » ; avec le deuxième sens, c'est *mal-propre,* qui a le même sens que *sale.* Et nous voici retournés au point de départ.

crasse
crasseux
crade
crado
cracra

propre
propreté
propriété
impropre
malpropre

Science
et conscience

C'est François Rabelais, l'écrivain comique le plus sérieux du monde, qui a dit il y a cinq siècles (cinq cents ans) : « Science sans conscience n'est que ruine de l'âme. » Et il est vrai que savoir beaucoup de choses, être très fort dans sa tête, mais ne pas reconnaître ce qui est bien de ce qui est mal, c'est une catastrophe.

mœurs
moral

Plus on sait de choses, plus on peut agir, en bien ou en mal. Et la conscience, c'est ce qui permet de choisir ce qui va être bon pour les autres et pour soi.

On voit bien qu'il y a *science* dans *conscience*. C'est le reflet des mots latins *sciencia* et *consciencia*, tous deux passés en français au Moyen Âge, à l'époque où l'on bâtissait les belles églises et les cathédrales. Ces mots étaient dérivés des verbes *scire* (skirè), « savoir », et *conscire*, « savoir avec » (*avec* se dit *cum* en latin). Mais savoir quoi ? Et avec qui ? Avec tous les gens autour de soi : savoir ensemble. On sait des tas de choses, ensemble, mais le plus difficile à bien connaître, c'est soi-même. « Connais-toi toi-même », disaient les anciens philosophes grecs, depuis leur maître, Socrate, et cette connaissance de soi-même, ce savoir de ce qu'on est, quand il s'agit de distinguer ce qui est bien et ce qui est mal, c'est la conscience, la conscience morale (*moral* vient des *mœurs*, « les habitudes, la façon de vivre avec les autres », c'est lui aussi un mot qui vient du latin).

Avoir conscience de quelque chose, c'est être capable de connaître. Quand on perd conscience, on ne sait plus rien, on est évanoui. Quand cette connaissance s'applique au bien et au mal, au positif et au négatif, au bon-heur et au mal-heur, c'est la conscience dont parlait Rabelais. La science, la connaissance, sans cette conscience, peut tout détruire. La science permet de connaître, par exemple, la matière, les atomes ; sans la conscience du bien et du mal, elle permet aussi de construire des bombes atomiques et de tuer, de rendre malade, de détruire...

La science avec la conscience nous aide à mieux vivre ; sans elle, elle peut nous menacer. D'un côté, la médecine, de l'autre, les déchets atomiques dangereux. On voit bien que savoir tout seul – la science, les sciences, qui sont du savoir précis, contrôlé –, ça ne suffit pas. Il faut y ajouter le « savoir avec », avec les autres, avec soi-même.

Sel
à toutes les sauces

salé
salants
dessaler
saloir
salade
salaire

Un seul mot latin, qui s'écrit *sal*, et ses dérivés, comme *salsus*, « salé », ont donné en français un tas de mots.

Certains sont faciles à reconnaître, à cause de leur sens : on dit qu'un aliment est *salé* quand on y a mis ce qu'on appelait du *sal* (comme en latin), devenu ensuite le *sel*.

Le sel, on connaît. Il donne du goût aux choses fades, mais attention, il peut être dangereux pour la santé. Le mot *sel* vient du latin, alors que *sucre* vient d'ailleurs : un grand voyage, de l'Inde à l'Arabie, de l'Arabie à l'Italie (d'abord en Sicile), puis vers la France et les autres pays d'Europe, et dans le monde entier, par exemple dans les pays où pousse la *canne à sucre*. Le sel latin, lui aussi, est connu partout ; il peut venir de la terre (on le trouve dans des mines) ou de la mer (l'eau de mer est salée ; on fait évaporer l'eau dans les *marais salants* et c'est du *sel marin*). Comme le sel était très important, pour conserver la nourriture, pour l'assaisonner, il n'y en avait jamais assez. Un impôt sur le sel s'appelait la *gabelle*, mot venu des Arabes par l'Italie (les Arabes ont gouverné la Sicile, autrefois). On dit aujourd'hui qu'un prix, une addition à payer sont *salés*, peut-être parce que le sel était rare et cher.

Il y a beaucoup de mots en *sal-* qui ont un rapport avec le sel : l'eau *salée* de la mer, le *salé* qui est du porc conservé dans le sel ; on le *dessale* avant de le manger. Le *saloir* est l'endroit où l'on salait la viande. Plus étonnant, le mot *salade*, car la salade est assaisonnée aussi avec du poivre, de l'huile et du vinaigre. Les plantes qu'on assaisonne sont plus importantes que le sel. Mais on dirait que ce sel, autrefois rare et cher, retenait l'attention plus qu'autre chose. Aujourd'hui, on met des quantités de choses dans la salade et on fait des « salades de fruits » qui ne sont pas salées ! L'idée principale du mot *salade* n'est plus du tout le sel, mais celle de certaines plantes, comme la laitue, la mâche et beaucoup d'autres qui font la *salade verte*, et surtout l'idée de mélange (*quelle salade !*).

Un autre mot en *sal-* a complètement oublié qu'il venait du sel, c'est le *salaire*. Aujourd'hui, c'est de l'argent qu'on a en échange de son travail ; mais à Rome, dans l'Antiquité, les soldats recevaient une ration de sel pour une certaine période. Cette ration s'est transformée en argent pour acheter du sel, et s'est appelée le *salarium*. Quand le mot est devenu en français le *salaire*, seule l'idée d'argent est restée.

Comme tu vois, le sel est encore plus dans les mots que dans les choses, ce qui montre qu'il était plus important qu'aujourd'hui.

Ce n'est pas tout. Dans toute une série de mots, le *sal* du latin, avec beaucoup de dérivés, a donné en français (le *al* est prononcé *aw*) la syllabe *sau-*. C'est bien elle qui parle ou plutôt qui a parlé du sel que l'on retrouve dans *saumure* (normal, c'est un liquide très salé), mais aussi dans *sauce, saucisse* et *saucisson. Sauce* vient d'un mot du vieux français qui était *salse,* « salé ». Comme pour la salade, la sauce a échappé au sel et contient des centaines d'ingrédients ; c'est une préparation qui accompagne certains plats, avec de nombreux noms : la *mayo* est une sauce *mayonnaise,* la *bolo* une sauce *bolognaise* (*mayonnaise,* peut-être de Port-*Mahon,* lieu d'une victoire ; *bolognaise* du nom de la ville de *Bologne,* en Italie). Il y a tellement de sauces possibles qu'on dit *mettre à toutes les sauces* pour « présenter, utiliser de toutes les façons possibles ». On a envie de dire que, parmi les mots, *sel* a été mis à toutes les sauces. Mais on a oublié qu'il nous avait donné des mots inattendus. *Saupoudrer,* c'était « poudrer avec du sel » et quand on dit qu'on saupoudre avec du sucre, on mélange sans le savoir du vrai sucre avec un sel caché dans le mot. Curieux, non ?

Un dernier mot du sel : *saugrenu,* qui voulait dire « plein de grains (*grenu*) de sel (*sau-*) » et qui signifie maintenant « étrange, inattendu, bizarre » et souvent « un peu bête ».

saumure

sauce

saucisse
saucisson

saupoudrer

saugrenu

Beaucoup de mots, à cause de leur histoire, sont devenus saugrenus.

AU SAUGRENU
Spécialités salées
Hé bien,
la note aussi
est salée !

Solidaires

Si l'on veut que les gens, les personnes qui vivent ensemble soient en sécurité, il vaut mieux qu'ils (elles) s'aiment bien, et même qu'ils (elles) essaient de s'aider. Quand ils (elles) le font, on peut dire qu'ils (elles) sont *solidaires*.

solide
solidarité
sol
sou
solde
soldat
consolider

La solidarité, c'est quand des gens qui vivent ensemble se sentent reliés aux autres et les soutiennent si cela va mal pour eux (prêter de l'argent, donner un « coup de main », c'est-à-dire « aider »). Ce qui suppose qu'on pense aux autres et à leurs difficultés, et qu'on fasse quelque chose pour leur bien-être et leur sécurité. On a la *Sécurité sociale* ; ce serait bien qu'on ait une *solidarité sociale.*

Dans *solidaire* et *solidarité,* il y a *solide.* Si on dit cela, on aura souvent une réponse du genre : « Mais ça n'a aucun rapport ! » Et pourtant…

Il était une fois, dans la langue des Romains, c'était le latin, un mot qui voulait dire à la fois « serré, compact, massif » et aussi « entier, complet », et au figuré « réel, qu'on peut toucher », et encore « qui résiste bien, avec fermeté ». Ce mot s'écrivait *solidus.* Il a donné *solide,* que nous connaissons bien. Parce que les pièces de monnaie devaient être en or ou en argent « massif » ; pour exprimer cela, *solidus* était devenu *soldus,* qui a donné en français le *sol,* le *sou,* d'abord somme d'argent importante, et la *solde,* les sous payés aux hommes d'une armée, appelés pour cela des *soldats* ! On a oublié tout ça. Et il y a un verbe qui signifie « rendre plus solide » et qui contient *solide.* Tu as deviné ? C'est *consolider.*

Ce n'est pas tout. Quand plusieurs personnes devaient quelque chose à quelqu'un et que chacun s'engageait pour tous, on a dit, comme il s'agissait du total, de l'ensemble, de ce qui était *solidus,* « entier », que cette obligation était *solidaire.* Puis on a compris que ceux qui étaient « solidaires » formaient un tout. Ensuite est venue l'idée de se réunir pour aider quelqu'un d'autre, sa famille, ses amis, ses voisins, et on a parlé de la *solidarité.*

Tous ensemble ! tous ensemble ! pour aider ceux qui en ont besoin. Tous ensemble, on est plus *solides.* Et voilà comment un seul petit mot latin nous a donné de quoi exprimer bien des choses : par exemple, la solidité et la générosité, le sentiment que nous faisons partie d'un tout, la solidarité.

Soupe
Tremper la soupe

zarbi
= bizzare
verlan
= envers
potage
bouilli
bouillon
pain
pan
panade
pâte
pâté
terre
terrine

« Mange ta soupe ! » On a tous entendu ça, surtout quand on n'aime pas beaucoup ce qu'on appelle *la soupe*. Pour presque tout le monde, la soupe est une préparation liquide, ce qui fait que parler de *manger* est zarbi (ce drôle de mot, c'est *bizarre* à l'envers, c'est du *ver-lan*, l'en-vers renversé). On ne dit pas « bois ta soupe », même quand elle est liquide.

Mais tout s'explique quand on sait que le mot *soupe,* qui est venu de peuples germaniques anciens, voulait dire « tranche de pain ». Cette tranche, ou bien on la trempait dans du bouillon, ou bien on l'arrosait avec le bouillon. C'est pour ça que nous disons « être trempé comme une soupe », ce qui signifie « comme un morceau de pain mouillé avec du bouillon ». Si cela voulait dire « trempé comme du liquide », ce serait idiot. Même quand ils sont bizarres, les mots ne sont jamais idiots. À côté de ces tranches de pain dans le bouillon, on en mettait dans le lait : *soupe au lait.* Comme le lait qui bout monte et déborde, on dit de quelqu'un qui se met vite en colère qu'il ou elle est « soupe au lait », en pensant au lait, pas au pain.

À force de tremper, de mouiller, d'arroser les tranches de pains appelées *soupes,* le mot a pris deux sens différents. Le premier, c'est celui de « nourriture », parce que le bouillon avec du pain (les « soupes » d'autrefois), avec des légumes, quelquefois avec de la viande, était le plat principal du repas, surtout à la campagne. « Mange ta soupe ! », à l'époque de Molière, aurait voulu dire : « Mange ! », rien de plus. Le second sens, qui est celui que nous connaissons le mieux, c'est le liquide où l'on trempait le pain, et où on a fait cuire de la viande, des légumes. Quand on les faisait cuire dans un *pot,* c'était le *potage,* quand tout avait *bouilli* dans l'eau, c'était le *bouillon.* Quand c'était épais, riche, c'était de la soupe, même si on n'y mettait pas les fameuses tranches de pain.

Ce pain étant oublié, les soupes peuvent contenir tout ce qu'on veut, à condition que ce soit bon. Et quand on met du pain dans le liquide, comme on a oublié que la soupe d'autrefois était du pain, on appelle ça de la *panade,* mot provençal qui vient de *pan,* pour *pain.*

En passant du pain au liquide où on le trempait, le mot *soupe* a fait comme le mot *pâté,* qui vient de *pâte.* Le pâté était d'abord de la viande dans une pâte, puis une viande hachée fin et cuite. Plus de pâte dans le pâté ! De même, des mots qui désignent un plat ont pris le nom du récipient où on les prépare : en espagnol, la *paella* est une poêle ; en français, le *cassoulet* est comme une casserole, une *terrine* est un récipient en *terre* cuite. On dit aussi qu'on boit un *verre* ou une *bouteille,* alors que c'est le contenu liquide qui est bu.

Sport

Tu fais du sport ? Oui, mais lequel ? C'est qu'il y en a des quantités, de sports, l'athlétisme, la natation, le foot (ça veut dire « le pied » en anglais), le basket, le rugby, le golf… Beaucoup de mots anglais. *Rugby*, c'est le nom d'une ville où il y a une grande école. *Basket*, c'est un panier, d'ailleurs un panier percé, où il faut faire aller la balle. Et le **tennis**, le ping-pong, qui a un air chinois…

se porter
se transporter

Un exercice et un jeu avec des règles, voilà le « sport ». Encore un mot anglais, mais il vient du français, il y a longtemps. Quand on en avait assez du travail, de l'école, des corvées, on avait envie de se reposer ou de faire autre chose : de jouer, par exemple. Jouer tout seul, c'est moins cool que jouer avec d'autres, mais ce qui compte, c'est de se **distraire**, et distraire, ça veut dire « tirer dehors ». Dedans, c'est l'ennui des choses obligées, ou bien le repos, qui n'est pas tellement amusant.

S'amuser, se distraire, se dépenser en courant, en sautant, en nageant, en lançant des balles, tout ça quand ni le foot ni le tennis n'existaient, ça s'appelait *se desporter*, se porter, se transporter ailleurs, hors des soucis. Et le jeu, l'exercice s'appelait le *desport*. Quand le mot est passé en anglais, avec beaucoup d'autres – on avait parlé français en Angleterre pendant au moins trois cents ans –, il a été coupé en deux, pour aller plus vite, et les Anglais ont dit *sport*, comme nous disons aujourd'hui « y a un blème » pour « un problème ». Ensuite, le sport anglais a changé : d'abord distraction, amusement, divertissement, comme en France, c'est devenu un exercice organisé, avec des règles, avec des paris sur les joueurs – par exemple, sur les chevaux de course. On en a parlé partout dans le monde. Et c'est ce nouveau « sport » qui est entré en France, à l'époque du dernier roi, Louis-Philippe, et de Napoléon III, d'abord en parlant des courses de chevaux (*hippiques*, du grec *hippos*, « cheval »), puis vers 1900 à propos d'autres exercices, partout où on parle français. En France et en Suisse, on a dit *ski*, mot norvégien, et on a parlé des *sports d'hiver*. En français du Canada aussi.

Et comme, bien avant les Anglais, les Grecs de l'Antiquité se réunissaient pour faire de l'athlétisme, des courses ou pour lancer le disque – c'est le premier sens du mot **disque** –, dans la ville d'Olympie, un grand amoureux de sports, M. de Coubertin, a inventé les Jeux *olympiques*.

Quand les chevaliers du Moyen Âge organisaient des tournois ou se distrayaient à la chasse, ils ne se doutaient pas que leur distraction, leur « desport », allait devenir le « sport », et qu'on regarderait des matchs de foot à la télé, après avoir joué au volley, sept ou huit cents ans après.

Surfer

Pour surfer sur Internet, il n'y a pas besoin de planche ni de grandes vagues. Mais le vrai surf (on prononce *seurf, seurfer,* parce que c'est un mot anglais) est un **sport** à la mode depuis cinquante ans, un sport où on se fait porter sur une planche en haut d'une forte vague qui déferle sur la plage. On monte sur la vague comme sur le dos d'un énorme cheval, et comme « monter sur un cheval » se dit en anglais *ride* (wraïd'), les Américains des États-Unis ont dit en anglais *surf riding* et aussi *surfboard, board,* correspondant au français *planche* (le mot *bord* est de la même famille).

Mais le surf n'est ni anglais ni américain. Il a été connu d'abord dans les îles du Pacifique, quand des enfants, pour montrer leur courage, se lançaient pieds nus ou sur une planche au sommet des vagues qui se brisaient sur le rivage. Comme les îles Hawaï, dans cette région du monde, sont devenues en 1959 un État parmi les États-Unis d'Amérique, cette façon de marcher sur l'eau, de « chevaucher » les vagues a beaucoup plu et est devenue un sport, appelé du mot anglais *surf,* qui signifie simplement « ressac, vague qui se brise sur un rivage », et ceci depuis le XVIIe siècle (l'époque de Molière). Mais *surf* ne se disait que des vagues sur la côte de l'Inde, et ce mot vient probablement d'un nom indien.

Toujours l'océan Pacifique ! De l'Inde à l'Angleterre, des îles du même océan, par exemple l'île de Pâques ou Hawaï, jusqu'à la Californie, c'est la langue anglaise qui ramasse le mot et ce qu'il désigne. Le surf, mis à la mode dans l'île d'Hawaï et en Californie, s'est pratiqué ensuite sur toutes les côtes où des vagues sont hautes, par exemple en Australie, ou bien en France, surtout dans la partie sud de la côte atlantique, près de Biarritz.

Et voilà pourquoi les mots *surf, surfer, surfeur* sont devenus français. De même que le surfeur (il y a une bédé américaine qui s'appelle *Le Surfeur d'argent*) peut passer de vague en vague comme Tarzan passe de branche en branche, on dit, lorsqu'on passe d'un site à l'autre sur son ordinateur, qu'on « surfe » sur Internet. C'est moins dangereux que de s'élancer sur la crête d'une énorme vague, mais aussi moins spectaculaire.

surf
surfeur

Tennis
Tenez, c'est le tennis

Ils s'appellent Tennis. Monsieur et madame Tennis sont des vedettes. La radio, la **télé** montrent leurs champions et leurs championnes en action. Et puis des milliers de jeunes jouent avec eux.

Ils sont le roi et la reine des sports de raquette ; même le ping-pong leur est soumis, c'est un petit « tennis de table », comme on dit, alors qu'ils sont le grand tennis en plein air, sur terre battue et sur gazon.

Justement, le gazon, la pelouse s'appelle en anglais *lawn*, et comme le tennis est venu d'Angleterre, on l'a appelé le *lawn tennis* dans beaucoup de langues, y compris le français. Mais si les règles de ce jeu, devenu un sport, sont nées en Angleterre, le jeu de balle avec raquette était bien plus ancien, en France.

En histoire, on vous a peut-être parlé du serment du Jeu de paume, quand les députés du *tiers état* (le troisième des « états », dans la société, après la noblesse et le clergé) se sont réunis en 1789 pour se jurer de continuer leur action contre la royauté. Ce jeu de paume était une salle réservée à un jeu de raquette. On l'appelait « jeu de paume » parce que autrefois, on recevait et on relançait la balle avec la paume de la main, ce qui fait drôlement mal (il y a encore des gens qui jouent à la pelote basque à main nue). Le jeu de paume était donc devenu le roi des jeux de balle avec raquette, dans une salle spéciale – comme le squash aujourd'hui. Et voilà l'origine du nom : dans ce jeu de paume, en France, quand on lançait la balle, on avertissait l'adversaire en criant : « Tenez ! » On était plus poli qu'aujourd'hui, puisqu'au tennis, on fait le « service », en envoyant la balle le plus fort possible, sans rien dire. Quand les Anglais jouaient à la paume, ils ont peut-être cru que ce cri de « tenez » était le nom du jeu, et ils l'ont prononcé à l'anglaise, *tennis'* (on prononçait le *z* en vieux français, *tenèze !*). Comme leur nouveau jeu de balle avec raquette se jouait sur une pelouse, appelée *lawn*, ils ont parlé de *lawn tennis*, et le mot a repassé la Manche pour revenir en France – et aller partout dans le monde.

C'est du moins ce qu'on pense en France, mais les savants anglais, pas très contents de voir le nom *tennis* venir de France, disent qu'on n'en est pas bien sûr. En effet, cette histoire a été racontée plus tard et pas quand le nom de *tennis* apparaît dans la langue anglaise, il y a cinq cents ans. Comme quoi, quand un nom est très ancien, il est difficile de connaître son origine. Mais cette histoire nous a permis de redécouvrir le jeu de paume, qui pourrait revenir à la mode.

Thé

T'es plutôt thé ou plutôt café ?

On a l'impression, chez nous, qu'on a toujours connu le thé, le café, et aussi le sucre qui va souvent avec ces boissons chaudes.

caféier
caféine
décaféiner

Ces trois mots, *thé, café, sucre,* racontent une immense histoire, car ils viennent de Chine, de Turquie, d'Arabie, et se sont promenés dans le monde entier. L'un d'eux, *sucre,* est arrivé dans la langue française au Moyen Âge (il y a presque mille ans !), les deux autres pendant le règne de plusieurs rois de France, depuis Henri IV (IV en chiffres romains, c'est 4, quatre) jusqu'à Louis XIV (14, quatorze) : cette époque est le dix-septième siècle. Le dernier venu est le mot *thé,* peut-être parce qu'il arrivait de plus loin.

Aujourd'hui, quand on dit *thé* ou *café,* on pense d'abord à la boisson (et pour *café* à un endroit où on peut acheter des boissons : voir le mot *café*) ; mais ce sont d'abord les noms d'une partie de plante qu'on va préparer pour faire une *infusion* [en latin, « ce qui est versé (*fusus*) dans ou sur quelque chose » : *in-* (dans) *fusio*].

Le thé vient de Chine, où on cultive cette plante et où on boit l'infusion de ses petites feuilles séchées depuis des milliers d'années, en les appelant *tcha.* Ce nom est allé jusqu'en Russie : il existe en russe. Au sud de la Chine, on disait plutôt *t'ê.* C'est le mot qui est passé en Asie du Sud, puis vers l'ouest, chez les Arabes, qui ont connu le thé avant les Européens. En Europe, ce sont les Hollandais, qui faisaient du commerce en Asie, qui l'ont utilisé les premiers ; les Anglais (qui écrivent *tea* ; on dit *ti*), les Français (qui ont écrit le mot avec un *h*) ont suivi. Aujourd'hui, les pays où l'on boit le plus de thé sont la Chine, le Japon (là, on aime surtout le *thé vert,* avec les feuilles fraîches), la Russie, l'Angleterre et les autres pays des îles Britanniques (Écosse, pays de Galles…), le Maghreb (Tunisie, Algérie, Maroc) où on aime le *thé à la menthe* (sucré, avec des feuilles de menthe). En France, ça dépend des goûts, mais on boit plus de café.

Le café est préparé, comme le thé, à partir d'une plante, le *caféier,* mais avec ses graines – on ne se sert pas des feuilles. Ces graines sont grillées (on dit *torréfiées,* d'un mot latin qui signifie « faire sécher ») et on en fait une boisson chaude de couleur très sombre, plus ou moins forte selon qu'on met peu ou beaucoup d'eau. On connaissait depuis longtemps le café du Sud de l'Inde, et ce sont les Arabes, qui l'appelaient *qawa* (on dit en argot français le *caoua,* avec le mot arabe d'Algérie) et qui l'ont fait connaître aux Turcs,

infusion
caoua
ottoman

qui disent *kahvé*, devenu en français *cavé* ou *café* quand l'ambassadeur du sultan ottoman en apporta à Louis XIV. *Ottoman* est l'adjectif de l'ancien Empire turc, fondé par le sultan *Otman*, en français *Osman Ier*. Les Italiens connaissaient déjà le café, d'abord à Venise. Aujourd'hui encore, les Italiens font du très bon café, très fort. Le café est arrivé en France, d'abord à Marseille. On buvait du café à Marseille avant l'ambassade turque de 1669, qui le mit à la mode à Versailles où était la cour du roi Louis XIV, et à Paris.

Aujourd'hui, on boit le café seul (*café noir*) ou avec de la crème (le *café crème* ; on dit : *un crème*) et, encore plus souvent, avec du lait : le *café au lait*. De toute façon, le vrai café contient un excitant, la *caféine*, mais on prépare des cafés sans caféine, appelés pour cela du *dé-caféine-é*.

Le thé, le café, le chocolat (qui venait du Mexique, comme la **tomate**, comme le **haricot**) sont arrivés en France – et dans la langue française, partout où on la parle – à peu près à la même époque, il y a quatre cents ans. Depuis, ils sont devenus à la mode, mais seul le mot *café* a pris un autre sens très courant.

Mon cher,
rien ne vaut ce petit plaisir :
un bon café dégusté
sans façon à la maison…

Allez hop!
On sort maintenant!

Toiles
Petites toiles

On a vu que la *fourchette* n'était pas une « petite fourche », et voilà encore un mot en *-ette* qui a changé de sens. C'est la *toilette,* qui n'est plus une petite toile, mais qui l'a été, au Moyen Âge. Parmi toutes les petites toiles, l'une d'elles était posée sur une table (ou une tablette) et on y posait les brosses, les peignes, le savon (dans un porte-savon) et tout ce qu'il faut pour se nettoyer, se peigner et même s'habiller ou s'orner. Ensuite, la toilette se dit des ustensiles, du meuble, appelé aussi *table de toilette,* et finalement de l'action qu'on fait alors, qui s'appelle aussi *la toilette* : se laver, se peigner, s'habiller... Le *cabinet de toilette* est la pièce où l'on peut faire sa toilette, avec un *lavabo* (mot latin qui signifie « je laverai », sous-entendu « mes mains »), une *douche,* etc. S'il y a une baignoire, c'est une *salle de bains* ; on y fait aussi sa toilette.

La toilette avait perdu l'idée de « toile » et pourtant, il faut une pièce de tissu pour s'essuyer, se sécher. Elle ne s'appelle pas *toilette,* mais *serviette,* qui se dit d'une pièce de toile, du linge qui *sert* à diverses choses. Il y a des *serviettes de table* et, justement, des *serviettes de toilette.* Mais si tout ce qui sert à un usage s'appelait une *serviette,* il y en aurait des centaines et des centaines, et le mot voudrait dire n'importe quoi.

toilette
toilettes

laver
lavabo

bains
baignoire

servir
serviette

Pour qu'on puisse parler des choses sans tout confondre, certains mots doivent se resserrer à un usage, à un sens particulier, spécial. Le sens spécial, pour la *toile-ette,* est les soins du corps, la **propreté** ; pour la *serv(i)-ette,* c'est la pièce de tissu pour le repas ou pour faire sa toilette.

Tomate
des Aztèques

Quand les Espagnols envahissent le Mexique, pays que l'Europe a découvert après le voyage de Christophe Colomb (lui, s'est arrêté dans les îles avant le Mexique), ils sont étonnés par les coutumes des Aztèques, grande civilisation. Tout leur paraît étrange.

Les Aztèques, par exemple, mangent des choses inconnues, du maïs, des **haricots** (on ne connaissait que les fèves), et ils accompagnent certains plats avec une sauce qu'ils appellent *tomatl.* Les Espagnols voient que cette sauce est préparée avec un petit fruit rond et vert, et ils l'appellent *tomato*, prenant le nom mexicain. Quand ils envoient les graines de ces fruits à leur roi, en Espagne, la plante arrive avec son mot, *tomato*. Les Français, à cette époque, celle du roi François Ier, aimaient bien ce qui était italien et espagnol. Sans savoir que c'était un mot aztèque, ils parlent aussi de la *tomate*. Mais on ne la fait pas assez mûrir et on s'en sert, en Espagne, en France, pour décorer les jardins.

Au contraire, quand elle arrive en Italie – parce que les Espagnols du Mexique avaient aussi envoyé des graines au pape, à Rome –, on va s'apercevoir qu'elle est très bonne à manger, à condition de la laisser mûrir, et qu'elle peut servir à faire une sauce différente de celle des Mexicains, qui va bien avec les pâtes, que les Italiens adorent (c'est encore vrai aujourd'hui). Mais ils sont tellement contents de ce fruit-légume qu'ils l'appellent *pomodoro*, « pomme d'or ». Cette « pomme » n'est d'ailleurs pas ce que nous appelons ainsi, le mot a gardé en italien le sens qu'avait le latin *pomum* : tout fruit rond. La « pomme d'or » pouvait être une orange. Les Français, à cette époque, disaient aussi *pomme d'or* et *pomme d'amour*.

Le succès de la tomate à manger est donc venu d'Italie, d'abord par la Provence. On y parlait une langue qui ressemble à l'italien, la langue où *oui* se dit *oc*, et qu'on appelle pour cela la « langue d'oc », avec des formes provençales et d'autres de la région appelée pour cela le *Languedoc*. Mais les Italiens préféraient parler des *pomodori*, « pommes d'or », alors que les Français ont gardé le mot des Aztèques du Mexique, la *tomate*.

La tomate est devenue une vedette de la cuisine dans le monde entier ; les Anglais, les habitants des États-Unis l'ont adoptée au XIXe siècle. Il y a même de la tomate dans le *ketchup*, mot anglais qui vient du chinois.

L'aventure de la tomate mexicaine, en Espagne, en Italie – où elle s'appelle « fruit d'or » –, en France et dans tout le reste du monde, fait partie du grand voyage des mots et des choses qu'ils désignent.

Travail
et repos

Lorsqu'on ne travaille pas, on s'amuse ou on se repose.

poser
reposer
pause

labour
labourer
labeur

Il y a deux verbes *reposer*. L'un veut dire « poser à nouveau quelque chose » : *re-*, « de nouveau, une fois de plus », et *poser*. L'autre signifie, surtout comme **« pronominal » (on l'emploie avec le pronom réfléchi me, te, se, au pluriel nous, vous et on garde se : je me, tu te, il se repose, ils se reposent, etc.)**, « rester sans travailler, sans remuer, sans agir ». C'est le *repos*. Ces mots viennent du latin *re-* (on disait *ré-*) et *pausare*, « s'arrêter », de *pausa*, d'où vient notre mot *pause*. Quand on marche, qu'on conduit une voiture, qu'on travaille et qu'on est fatigué, on dit : on va faire une *pause*. La *pause repose*, même s'il y a deux orthographes.

Le contraire du repos, quand ce n'est pas le jeu, le sport (va voir ce mot), l'amusement, la distraction, c'est le *travail*, qui nous plaît moins. C'est normal, puisque *travail* est un mot qui commence mal. En latin, le travail se dit *labor* ; le travail du paysan, qui était très dur lorsqu'il n'y avait aucune machine, c'est de *labourer* la terre. Le mot latin *labor* est devenu *labeur* (on dit encore « un dur labeur ») et *labour*, pour le travail de la terre, avant de semer.

On ne parle plus beaucoup de labeur, on dit : je travaille, je fais un travail. Mais quand on disait *labeur*, *travail* avait un autre sens : ce mot s'employait quand on avait de la peine, qu'on souffrait, comme si on était torturé. Pour exprimer cette souffrance, on a pris un mot latin qui était le nom d'un instrument de supplice, le *tripalium* (c'était un trépied, un système « à trois pieux » : *tri*, « trois », et *palium*). Déformé dans le latin du Moyen Âge, ce mot aboutit à un verbe qui voulait dire « accabler, faire mal », et qui est devenu *travailler*. Comme on se fatigue et qu'on a de la peine quand on travaille dur, on a dit de plus en plus *travail* au lieu de *labeur*, en parlant de ce qu'on fait pour fabriquer quelque chose, ou tout simplement pour apprendre à l'école, puis, quand on est adulte, pour gagner sa vie.

Quand on n'a pas de travail, qu'on est chômeur, on est plus malheureux que quand on en a. En effet, le travail, aujourd'hui, n'est plus une peine, une souffrance, mais le moyen de faire quelque chose d'utile, pour soi et pour les autres. Voilà un mot qui revient de loin !

Trop cool !

« C'est trop cool ! » C'est ce qu'on dit lorsqu'on est content de quelque chose. Rien de plus que : « C'est bien, c'est chouette, sympa, épatant... » (trouves-en d'autres). C'est à la mode.

On écrit *oo* ; on prononce *ou* ; personne ne dit « c'est col ». On pourrait écrire *coul,* mais on veut montrer qu'on sait l'anglais. Mais *cool* ne veut pas dire « ça coule », c'est un vieux mot d'Angleterre, qui veut dire « frais, ni froid ni chaud », plutôt agréable. Appliqué aux personnes, l'adjectif *cool* signifie « calme, détendu », et finalement, pour les choses aussi, « excellent, parfait ». C'est ce sens de l'anglais qui est passé en français : on appelle ça un emprunt. Je t'emprunte ton crayon, je te le rendrai ; mais j'emprunte un mot à une autre langue, souvent, je le garde. Pas très honnête, l'emprunt des mots.

Voilà : oubliés les bons vieux *bien, agréable, excellent, parfait,* etc., tout ce qui plaît est cool, et même « trop cool », comme si ça ne suffisait pas. On oublie que *trop* veut vraiment dire : « en excès, en quantité excessive ». Est-ce qu'il y en a *assez* ? Oui, et même il y en a *trop* ; il faut en enlever. Mais *trop* (on ne dit pas le *p*) ressemble à *très* (on ne dit pas le *s*) ; alors pour s'amuser, on dit *trop* au lieu de *très. C'est trop cool, il est trop fort,* ça n'est pas trop français, parce qu'on ne fait plus la différence entre « en bonne quantité » et « en quantité (ou d'une manière) exagérée ».

À propos, pourquoi dit-on *trop,* avec cette lettre *p* bizarre qui ne se prononce pas ? Parce que *trop* est un mot apporté par les Francs au Moyen Âge, de la même famille que *troupe* et *troupeau.* Il exprime depuis mille ans une quantité jugée excessive ; pas seulement « beaucoup », mais « plus qu'il ne faut ». Par exemple, le « trop-plein » est ce qui déborde. Ce n'est pas la même chose que « très plein ». On insiste sur l'excès, dans tous les domaines, en disant : « Trop, c'est trop ! » Quelqu'un qui exagère, il « en fait trop ». Le contraire est « pas assez ».

En disant « c'est trop bien, trop cool, etc. », on insiste sur l'idée de « beaucoup », mais on oublie d'y ajouter l'idée d'excès. Or, ce qui est bien, parfait, agréable… ne l'est jamais « trop ». Si on confond *très* et *trop,* on ne saura plus ce qui remplit et ce qui déborde ; c'est un peu dangereux, non ? Et même, on peut dire : c'est trop bête.

La Vache !

On peut dire cela pour exprimer son admiration ou son étonnement (on dit aussi : *c'est vachement beau*), mais d'abord, quand arrive quelque chose de désagréable. Si on affirme : « mon prof est vache », cela signifie qu'il est sévère, assez méchant.

vacherie

mammifère

Ce sens est étonnant, parce que la vache est un animal calme, doux, qui mange de l'herbe et qui rumine (c'est-à-dire mâche et remâche). Rien de méchant dans la vache. Il y a cent ans et plus, lorsqu'on disait « je me sens vache », ça voulait dire « je me sens mou, fatigué », et c'était logique. Aujourd'hui, « il, elle est vache » signifie « agressif, méchant ». Pourquoi ?

Pour comprendre ce qui s'est passé, il faut bien connaître les chevaux et les vaches. Les premiers, quand ils sont énervés, donnent de grands coups de pied avec leurs pattes de derrière : ça s'appelle *ruer* (d'un mot latin qui veut dire « jeter brutalement »). Si on sait cela, on évite de rester derrière eux, à l'écurie. Les vaches aussi ruent, mais elles lancent leurs jambes sur le côté ; et quand un cheval ne rue pas droit derrière lui, on a dit qu'il *ruait en vache*, ce qui était plus dangereux. En donnant un *coup de pied en vache*, sur le côté, on cherche à faire mal en trompant l'adversaire. C'est pour ça que le nom de la pauvre vache, qui ne donne pas souvent de coups de pied, a servi à parler de ce qui était méchant, cruel, violent, hypocrite, que ce soit une personne (*ah, la vache !, ce qu'il est vache !*) ou une action, une chose (*c'est vache, ce que tu lui as fait !*), qu'on peut appeler une *vacherie* (alors que la vraie vacherie, c'est une étable pour les vaches).

Autrefois, on appelait les policiers brutaux *des vaches*, et on criait : *Mort aux vaches !* Aujourd'hui, on parle de flics.

Heureusement, il y a une autre façon de parler des vaches, et une célèbre marque de fromages s'appelle *La vache qui rit*. Tous les fromages, et le beurre, sont faits avec du lait, et les vaches donnent plus de lait que les autres *mammifères* (les animaux dont les femelles donnent du lait), les brebis, les chèvres, les chamelles. Et finalement, quand le mot *vache*, à cause du coup de pied, s'emploie pour les choses et les gens désagréables, il finit par vouloir dire « important, très fort », et même « excellent, super » : *une vache de belle bagnole*, et *sa bagnole est vachement belle*. Trop fortes, les vaches !

Vampire
Dracula le vampire

On a rappelé cela au mot **dragon**. *Dracul*, en roumain, langue où on met l'article après le nom (*dracul*, c'est *dragon-le*), veut donc dire « le dragon ». C'est le surnom d'un noble roumain, le comte Vlad (le même que dans le prénom russe Vladimir), qui vivait en Transylvanie au XIVe siècle et avait une terrible réputation de cruauté. On l'appelait l'Empaleur, parce qu'il embrochait ses ennemis sur un pal, un pieu, ou bien « le Dragon » (Dracul), c'est-à-dire le Diable, tellement on avait peur de lui.

revenir
revenant
vamp

C'est la peur qui a fait imaginer, dans une partie de l'Europe de l'Est, en Bohême, en Hongrie, en Roumanie, en Allemagne, que des morts ne l'étaient pas tout à fait, et qu'ils sortaient la nuit de leur cercueil, pour *revenir* parmi les vivants (on dit : un *revenant*) et aller sucer leur sang. La légende des vampires a reçu son nom dans les langues slaves : le russe et le tchèque disent *oupir*, le serbe *vampir*, mot qui est passé en allemand, puis de l'allemand au français, à l'anglais, etc. On n'en avait pas entendu parler, en Angleterre ni en France, avant l'époque de Louis XV ; mais la légende, apparentée à celles des sorciers et des loups-garous (des hommes transformés en loups, la nuit), qui étaient plus anciennes, a utilisé des mots qui peuvent venir du turc *uber* (devenu *oupir*, puis *vampir*), qui signifie « sorcière, magicienne ».

Le mot *vampire* a eu du succès. Il apportait avec lui des siècles de croyances dans de nombreux pays, de l'Allemagne à la Turquie, en passant par la Serbie, la Russie. La mode des vampires, à côté des fantômes et des revenants « ordinaires », à côté des loups-garous, s'est réalisée dans des récits, des romans, puis des films, parfois magnifiques comme celui du Danois Carl Dreyer, qui s'appelle justement *Vampyr*, ou celui qui montre le terrible personnage de *Nosferatu* et, plus connue encore, l'histoire de *Dracula*, le personnage créé par le romancier anglais Bram Stoker d'après les légendes de Roumanie.

Les vampires, dans ces histoires, sont des morts-vivants qui se nourrissent du sang des vivants. On disait les reconnaître parce qu'ils restaient frais et roses dans leur cercueil, et on en avait peur : les personnes qu'ils mordaient à la gorge, pour sucer leur sang, devenaient à leur tour des vampires. Autrefois, dans plusieurs pays, tout le monde ou presque y croyait. Aujourd'hui, c'est l'occasion de faire des contes fantastiques et des films, parfois même comiques, comme le *Bal des Vampires* de Roman Polanski, ce qui montre que l'on n'y croit plus vraiment.

De même, la langue anglaise a raccourci le mot en appelant *vamp* une dame très belle qui, au cinéma, obligeait son amoureux à faire tout ce qu'elle voulait, en prenant sa volonté comme les vampires sucent le sang. Les vamps du cinéma muet ont été à la mode pendant des dizaines d'années. Aujourd'hui, le mot est rare et signifie seulement « femme qui essaye de séduire tous les hommes ». Les vampires sont toujours à la mode ; les vamps appartiennent au passé.

La Viande
et le boucher

Quand on mange de la viande, on sait que c'est la chair, les muscles de certains animaux élevés pour nourrir les humains : les moutons, les bœufs et les vaches, les veaux et les génisses (les jeunes vaches), les cochons, et aussi des oiseaux (les volailles, le poulet, « petit de la poule », en est un), les lapins et quelques autres.

poule
poulet
vivre
chair
carne
charcutier
volailles
volailler

Autrefois, le mot *viande* désignait tout ce qui sert à se nourrir, à rester en vie, ce que nous appelons *viande,* mais aussi les légumes, les fruits et tous les végétaux, et aussi les poissons. Lorsqu'on n'a plus rien à manger, on peut en mourir.

C'est pourquoi le mot latin *vivanda,* qui signifie « les choses qui font vivre », s'est employé à propos des provisions pour manger. On dit aussi *les vivres* et ce nom vient du verbe *vivre* (je vis, nous vivons, il vivra, elle a vécu longtemps...), que nous avons pris au latin *vivere.* C'est justement de ce verbe qu'est venu le mot *vivanda,* qui s'est transformé, en avalant le second *v,* en *viande.*

Peu à peu, quand on mangeait surtout des légumes, des fruits, du pain, la chair des animaux était plus rare que les autres aliments : on pensait que c'était ce qui nourrissait le mieux. Et au lieu de dire qu'on mangeait la chair du gibier, ou du bœuf, du mouton, du porc..., on a parlé des viandes, de la viande rouge (le bœuf), de la viande blanche (le veau, les volailles, le lapin...). Mais on continuait à employer le mot *chair,* qui vient du latin *carnis.* En italien, langue qui reste plus proche du latin, la viande se dit encore *carne* (carné). On ne dit plus *chair* en parlant des animaux, mais le mot est caché dans celui qui désigne ceux qui préparent la viande du cochon : c'est *char-cutier,* où *char* est une façon ancienne de prononcer *chair* et où *cutier* est mis pour *cuitier,* de *cuire.* Le charcutier vend de la *chair cuite,* et comme on prépare avec le porc beaucoup de choses cuites et bonnes à manger, comme le jambon ou le saucisson, c'est toujours du cochon.

Pour les autres animaux, on parle de *bouchers* (il y a aussi le *volailler,* le *tripier,* mots faciles, puisque le volailler vend des volailles, du poulet, du canard..., et le tripier des tripes et d'autres abats (mot qui vient d'*abattre*).

Si on trouve déjà bizarre le nom de *charcutier,* pour le *boucher,* c'est encore plus étrange. Ce mot vient de *bouc,* et pourtant, cet animal ne se mange pas – à la différence de la femelle, qui est la chèvre, et surtout du chevreau, le petit de la chèvre. Mais le bouc, dans les religions antiques, était l'animal que l'on sacrifiait, et celui qui était chargé de le tuer était un prêtre : dans *sacrifice,* il y a le latin *sacer,* « sacré ». Ce sacrificateur de boucs a peut-être servi de modèle aux hommes qui tuaient les animaux pour qu'on les

tripes
tripier

abattre
abats

bouc
boucher

sacré
sacrifice
sacrificateu

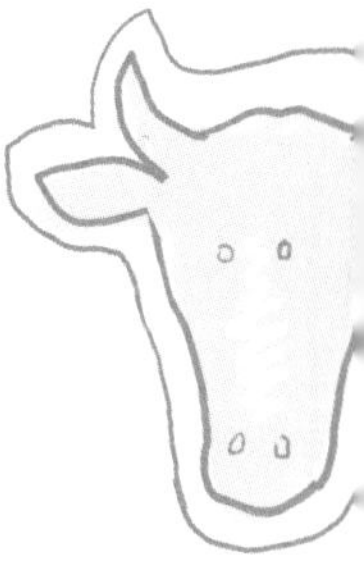

mange. Ce n'était plus de la religion, ce n'était plus des boucs qu'on tuait, mais des moutons, des chèvres, des bœufs, des vaches, des veaux. Mais l'habitude était prise de parler du *boucher* et on a gardé le mot pour la personne qui choisit les animaux et prépare leur viande. C'est un mot à la fois courant, que tout le monde connaît, mais dont on ne sait plus d'où il vient. Si tu dis à ton *boucher* que son nom a voulu dire « tueur de boucs », il va peut-être se fâcher, ou bien il ne le croira pas. Si les bouchers s'appelaient des viandiers, ce serait plus simple.

Mais on ne change pas les mots comme ça. Quand ils sont installés parmi nous, on les garde.

BOUCHERIE POUCET

Index

300, rue Léon-Joulin, 31101 Toulouse Cedex 9 – France

Loi 49.956 du 16.07.1949 sur les publications destinées à la jeunesse.

Dépôt légal : 2e trimestre 2013
ISBN : 978-2-7459-4685-0
Imprimé en Slovénie